- 国家级一流本科专业"影视摄影与制作"建设成果
- 2021年教育部产学合作协同育人项目"融合时代综艺节目制作产学合作课程建设"（202102129003）项目成果
- 浙江传媒学院"未来影像与社会应用实验室"建设成果

综艺节目制作

主　编：戴　硕
副主编：尚　涛
编　著：戴　硕　尚　涛　徐　驰
　　　　夏鹏飞　唐　硕

图书在版编目(CIP)数据

综艺节目制作/戴硕主编. -- 北京：北京大学出版社，2024.11. -- (21世纪高校广播电视与视听艺术专业系列教材). -- ISBN 978-7-301-35741-5

Ⅰ. G222.3

中国国家版本馆CIP数据核字第20240RJ533号

书　　　名	综艺节目制作 ZONGYI JIEMU ZHIZUO
著作责任者	戴　硕　主编
责任编辑	郭　莉
标准书号	ISBN 978-7-301-35741-5
出版发行	北京大学出版社
地　　　址	北京市海淀区成府路205号　100871
网　　　址	http://www.pup.cn　新浪微博：@北京大学出版社
微信公众号	通识书苑（微信号：sartspku）　科学元典（微信号：kexueyuandian）
电子邮箱	编辑部 jyzx@pup.cn　总编室 zpup@pup.cn
电　　　话	邮购部 010-62752015　发行部 010-62750672　编辑部 010-62707542
印　刷　者	北京鑫海金澳胶印有限公司
经　销　者	新华书店
	787毫米×1092毫米　16开本　13.75印张　250千字 2024年11月第1版　2024年11月第1次印刷
定　　　价	52.00元

未经许可，不得以任何方式复制或抄袭本书之部分或全部内容。
版权所有，侵权必究
举报电话：010-62752024　电子邮箱：fd@pup.cn
图书如有印装质量问题，请与出版部联系，电话：010-62756370

内 容 简 介

综艺节目方兴未艾，综艺节目制作人才目前是、未来也将是文娱内容生产队伍的"刚需"。本教材的编写聚集了综艺节目产学研第一线众多资深人员，从现状、类型、策划、融媒、制作流程与实战分工、后期制作及各种综艺节目的剪辑等角度，深入审视与探究综艺节目制作，力求打通前期与后期、艺术与技术全环节，平衡教材的理论价值和实践意义，为培养综艺节目制作人才探索可行的路径。

作为一部立体化教材，本教材为学习者提供了使用便捷的在线案例资源，还为师生准备了成套的课件资料，让使用教材的师生能够立体化地开展教学活动。

本教材既适合高等学校相关专业师生教学和研究使用，也适合综艺节目行业从业人员阅读和参考。

主 编 简 介

戴硕，副教授、博士。毕业于中国传媒大学。浙江传媒学院电视与视听艺术学院（纪录片学院）副院长，硕士生导师。浙江传媒学院"飞鹰人才"。主要从事影视理论与批评研究。主要讲授"综艺节目制作""经典影像作品解读""非线性编辑"等课程。曾获北京新闻奖二等奖、浙江传媒学院思政微课大赛一等奖等。现主持省部级及厅级课题5项，发表论文多篇。参与多部影视作品的创作与推广。

本 书 资 源

扫描右侧二维码标签，关注"博雅学与练"微信公众号，可获得本书专属的在线学习资源。

一书一码，相关资源仅供一人使用。

读者在使用过程中如遇到技术问题，可发邮件至 guoli@pup.cn。

任课教师可根据书后的"教辅申请说明"反馈信息，获取教辅资源。

目　　录

第一章　综述：新时代的中国综艺节目制作
　　一、从单屏向跨屏 …………………………………… 2
　　二、从全球到本土 …………………………………… 8
　　三、从泛娱乐到泛文化 ……………………………… 15
　　四、从大众到圈层 …………………………………… 19
　　五、从非虚构到剧情化 ……………………………… 23

第二章　类型：综艺节目的多元形态
　　一、游戏类综艺节目 ………………………………… 28
　　二、益智类综艺节目 ………………………………… 33
　　三、真人秀 …………………………………………… 38
　　四、文化类综艺节目 ………………………………… 57

第三章　策划：综艺节目的创意提出
　　一、日常生活 ………………………………………… 66
　　二、社会热点 ………………………………………… 68
　　三、流行文化热点 …………………………………… 71
　　四、社会学实验 ……………………………………… 74
　　五、游戏 ……………………………………………… 76
　　六、神话与传奇 ……………………………………… 78

第四章　融媒：综艺节目制作的新时代命题
　　一、全新竞争格局和变化趋势带来转型机遇 ……… 82
　　二、重构大屏价值：找准新格局下新站位 ……… 85

三、回归内容本质创新：喜闻乐见，激发活力 …………………………… 94

第五章	综艺节目制作流程与实战分工	一、综艺节目基本制作流程 ………… 103
		二、综艺节目的实战分工 …………… 114
		三、综艺节目制作的技术支撑 ……… 120

第六章	综艺节目的后期制作流程	一、剪辑前的准备工作 ……………… 127
		二、综艺节目的粗剪 ………………… 130
		三、综艺节目的精剪 ………………… 137
		四、综艺节目的包装 ………………… 142

第七章	游戏类综艺的剪辑	一、节目的开头 ……………………… 146
		二、导入剪辑 ………………………… 146
		三、游戏综艺中常用的剪辑手法 …… 147
		四、戏剧性的生成 …………………… 159
		五、游戏的解读和复盘 ……………… 161
		六、重点挖掘人物性格细节 ………… 162
		七、角色的代入 ……………………… 162

第八章	舞台表演类节目的剪辑	一、舞台表演的镜头与景别 ………… 164
		二、舞台的主题 ……………………… 170
		三、镜头的挑选与剪接 ……………… 172

第九章	真人秀剪辑	一、如何剪出故事？ ………………… 178
		二、如何剪出人物？ ………………… 181
		三、如何剪声音？ …………………… 183
		四、如何"做点"？ …………………… 190

附：学生作业优秀案例 ·· 200

后　记 ·· 209

第一章

综述：新时代的中国综艺节目制作

学习目标

通过本章的学习，了解新时代中国综艺节目制作的发展趋势，理解这些发展趋势背后的社会文化因素和市场需求，及其对综艺节目制作的影响。

关键术语

新时代；综艺节目制作；发展趋势

在当下文娱内容的消费与生产中，似乎都存在着若隐若现的"鄙视链"，就内容消费端来说，常有"看电影的瞧不上看电视剧的，看电视剧的瞧不上看综艺的"这般的趣味区隔，这样的链条也传导至内容生产端，"做综艺的"似乎就没有"搞电影的"底气足。且不说这样的趣味区隔是否有实质意义，单就社会影响力来说，热播综艺节目的传播声量并不弱于热映期的电影，其在主流价值建构、意识形态整合、流行文化议程设置等方面，发挥的作用更是不容小觑。

从制作体量上看，对于传统电视台及新兴的网络视频平台来说，综艺节目无疑都扮演着举足轻重的角色，成为与电视剧、电影并驾齐驱的拉动收视、撬动流量的"三驾马车"之一。而且相较于影视剧而言，综艺节目因投资体量相对较小、制播周期较短、品牌赋能高等天然优势，深受内容平台与客户的青睐，成为每年广告招商的核心载体。据统计，2020年综艺节目在电视端口覆盖收视用户比率达72.71%，低于新闻的86.02%，电视剧的85.06%，① 但就其营收能

---

① 《中国视听大数据2020年年度收视综合分析》，《影视制作》，2021（01）。

力来说，目前一线卫视中综艺板块广告创收可达50%以上，远超电视剧、新闻。而就其大众传播能力来说，热播综艺常常在热搜页面"霸屏"，成为街谈巷议的"社交货币"，选秀类、养成类综艺更是以批量化生产的态势源源不断地为流行文化输送新晋偶像，影响着新世代年轻人的审美趣味甚至价值取向。凡此种种皆表明，综艺节目是一定历史时期大众文化的策源地与发动机。

由此可知，综艺节目制作人才目前是、未来也将是文娱内容生产队伍的"刚需"。而从人才的吞吐量来说，综艺行业对影视专业毕业生就业的消化能力，也将超出电影、电视剧。在此背景下，对综艺节目的矮化与轻慢就显得不够公平。尤其对于学习编导、节目制作等专业的学生来说，更应该收起成见，以当下综艺节目制作行业的发展态势与行业用人需求为导向，补齐能力短板，适应新时代综艺节目制作的新需求。在当下的媒体融合时代，中国综艺节目出现了怎样的制播嬗变？变局之下，对综艺制作人才的能力有哪些更高的要求？在此背景下，我们将如何培养更适应国家发展需要与行业生产需求的综艺人才？这些都是本章将要探讨的问题。

历时性来看，中国综艺节目发轫于改革开放之后，在四十多年里，综艺节目呈现出大致稳健的发展态势，而当我们将考察范围缩小来审视综艺节目的制播变迁时，会发现近十年可以说是中国综艺节目变化最为剧烈的历史区间，播出端口、制作主体、生产理念、形式玩法等都出现了前所未有的演进。媒体融合时代，中国综艺节目内容生产与传播整体呈现出从单屏向跨屏、从引进向原创、从娱乐向文化、从大众向圈层、从真实向戏剧的嬗变。需要注意的是，这种嬗变往往并不是非此即彼的一方取代另一方，而是在杂糅交错中的重心漂移。这种演进趋势是深刻且不可逆的，将在未来一定时间里主导着中国综艺节目的产制逻辑。

一、从单屏向跨屏

改革开放前三十年，可以说是电视媒体从微澜之间到浪潮之巅的媒介进击史，电视从庞大媒体版图中的一隅起步，渐次完成了由边缘至中心的迁徙，成为舍我其谁的媒体霸主，直接塑造了家庭客厅文化，并以此发出大众文化协奏曲中的最强音。在电视媒体的单屏传播时代，由于天然的技术短板和观念屏障，电视与受众的传受关系始终是单向度的被动观演关系，尽管电视人也不乏一些主动而为的互动尝试，如书信反馈、电话连线等，但终究只是有限度的互动。在这种单屏线性传播中，对收视群体的覆盖率和到达率几乎成为评价电视内容质量的唯一的尺度，"唯收视率"也成为这个时期备受学界批评的失衡现象。中国综艺节目正是在这种媒介背景中草创发展起来的，因此电视综艺节目制播不可避免地打上了单屏传播时代特有的印记，如以表演内容为主、强化仪式感观看的"晚会类节目"兴盛，以缺少受众精准细分的广谱性节目为主基调，屈从于收视率的泛娱乐倾向，等等。

变化从2005年前后开始，随着土豆、优酷、搜狐视频等视频网站的创立，视频传播的终端结构悄然发生改变。此后几年是视频网站的野蛮生长期，新平台层出不穷，经过版权战、资本战、技术战的几次洗牌，大浪淘沙之后确立了以腾讯视频、爱奇艺、优酷、芒果TV四大巨头分割市场的基本格局。在视频网站初兴的几年，电视媒体并未对其潜在挑战给予充分重视，而是满足于网络构成的版权分销新渠道，那些年里，"网台联动"一度是炙手可热的名词。但未来已来，视频网站不再满足于电视台的"内容输血"，提升"造血"能力成为新平台的普遍共识。

2014年被称为视频网站内容自制元年。就综艺来说，一大批平台自制综艺涌现，爱奇艺打造的《奇葩说》以五千万元的招商及强势的全网话题度，成为新兴网综的代表，而腾讯视频、优酷、芒果TV等平台也不遑多让，投入重磅资金布局综艺赛道，众多"现象级"的综艺如《中国有嘻哈》《创造101》《这！就是街舞》《乘风破浪的姐姐》等出现在网络自制内容序列中。

当视频网站以分庭抗礼的态势，打破了传统单屏的格局，综艺内容生产与传播开始进阶到跨屏传播时代。在跨屏传播时代，无论是电视综艺还是网络综艺，均重视多渠道分发传播、跨屏联动，不仅仅有电视台与PC端视频网站的协同，还尤其注重移动端新型媒介如"两微一抖"的耦合共振，流量互导。传统上侧重收视率的综艺产品，开始走向注重全网跨屏热度的集聚效应。如2018年，时任国家广电总局宣传司司长高长力在中国传媒大学的讲座中强调，电视节目应当注重融合发展，不断拓宽跨媒体传播边界。他以央视综艺节目《经典咏流传》为例指出，如果"三微一端"数据全都放在一起统计，该节目单期收视率相当于55%，有六七亿人的触达，与当下突破1%就是胜利的节目收视对比，形成天壤之别。这启发着节目制作人围绕自身核心IP，在全媒体的传播中不断挖掘潜在需求。

扫码看

> **案例解读**
>
> ### 《全国大学生党史知识竞答大会》
>
> 在 2021 年庆祝建党 100 周年之际，做好党史宣传是媒体工作最为突出的主题主线。百年党史波澜壮阔，如何将严肃庄重的党史故事、政治话语与理论话语，转化为大众化、通俗化、青春化的全新语态，通过正能量啸聚大流量，实现对年轻用户的全面抵达，进而引导青年砥砺初心使命，无疑是各大媒体平台内容创新与融合传播的一次大考。2021年，由中央广播电视总台打造的《全国大学生党史知识竞答大会》节目，是党史传播的典范。节目以青年群体为目标受众，坚持"学史明理、学史增信、学史崇德、学史力行"的创作宗旨，以党史知识竞答为节目主线，呈现了中国共产党的百年辉煌历程。在以青春化语态创新节目的基础上，《全国大学生党史知识竞答大会》还通过融媒生产与跨屏互动，强化对用户的聚拢，将百年党史以润物无声的方式传递给了青年群体。
>
> **1. 融媒体创作，从后置到前置**
>
> 一档节目要形成广泛的融合传播，仅作简单的传播渠道堆砌是不够的，关键在于节目应具有跨屏传播属性。这就要求节目在策划制作阶段结合融媒思维进行议程设置，为后续传播提供话题扩散的有力支点。
>
> 《全国大学生党史知识竞答大会》全方位还原了中国共产党领导人民进行革命、建设和改革的光辉历程，是一档主题严肃的党史节目。但节目主创充分软化表达语态，在内容创作阶段以互联网思维洞察青年用户的"痛点"与"趣点"，从需求侧出发进行形态突围与内容创新，为二次传播提供了基础。
>
> 面向青少年讲述党史，首先在形态上就应该契合新世代年轻人的审美兴奋点。《全国大学生党史知识竞答大会》采用了颇具对抗感与悬念感的赛制，通过五星抢位赛、五星挑战赛、五星直通赛这一层层递进的线性流程，紧紧吸引住用户的注意力。

在题干呈现上，节目组运用了视频、图片、沙画、诗词朗诵、舞台情景剧等丰富的表现形态以及 AR、VR、XR 等技术手段，形象生动地呈现了百年党史中的重大事件、重要人物、重点文献，提高了党史内容的可视化程度。如在涉及夏明翰、陈树湘、杨靖宇、江姐等党史人物时，节目采用了情景再现的表演形式，还原英烈们战斗生活的片段，以复现真实可感的历史情境打动观众。在呈现党史重要事件时，节目大量结合《建党伟业》《地道战》《秋之白华》等影像文献资料或实地探访视频进行诠释，《毕业歌》《八月桂花遍地开》《沂蒙颂》等歌舞表演也成为生动演绎历史事件的有力载体。

更重要的是，《全国大学生党史知识竞答大会》在内容层面预设了不少能够触发青年热议与共情的话题，将党史中的重大事件转化为具有现实观照意义的时代命题，进而引发年轻用户的情感投射与情绪共振。如首期节目中，讲述人宋春丽向观众讲述了"一门五烈士"的故事，夏氏一家的五位烈士夏明翰、夏明震、夏明霹、夏明衡、邬依庄，就义时年纪最大的仅 28 岁，年纪最小的仅 19 岁，他们的平均年龄正处于当代大学生的年龄区间。但五位烈士在生死考验面前视死如归，他们对理想信念忠贞不移的精神感动了当代年轻人。再如，第三期节目中，讲述人徐帆叙说了杨靖宇在密林雪原中孤身一人与敌人奋战 50 天，直至壮烈殉国的故事，当说到杨靖宇牺牲后被敌人割头剖腹，发现胃里只有枯草、树皮和棉絮时，无数青年被他的灵魂与血性感动到落泪。

这些别开生面的党史回顾，既勾勒出光辉的英雄形象，也为当代青年提供了历史的直观感受，实现古今对话。革命烈士们为了理想信念舍生取义，终成民族脊梁的故事，呼应了青年群体的热血精神和奋斗风貌，也为青年文化补充了精神"钙片"，引发青年群体的进一步讨论。

2. 移动端优先，从辅助到主力

受众在哪里，传播的触角就要伸向哪里。当下，移动端小屏俨然从传统的辅助媒介演进成为新型传播的主战场、主阵地。由此，围绕移动端开发多样化、语态活、互动强的小屏产品，已经成为优质内容融合传播的题中之义。

《全国大学生党史知识竞答大会》依托总台5G新媒体平台"央视频",推出了与大屏有所区别的小屏产品,充分发挥小屏的传播优势。从节目上线前的预热短视频,到节目播出后的相关衍生节目和慢直播,"央视频"打出了一套小屏"组合拳"。

　　在《全国大学生党史知识竞答大会》上线之前,"央视频"制作发布了《百名学子致敬英雄!齐唱〈歌唱祖国〉》《海棠依旧寄相思》两个短视频。在《百名学子致敬英雄!齐唱〈歌唱祖国〉》短视频中,演播室现场播放《为有牺牲多壮志》短片后,现场百名学子深受触动,集体起立高唱《歌唱祖国》,致敬人民英烈。《海棠依旧寄相思》则讲述了1954年4月,中南海西花厅海棠花开的时候,周恩来总理远在海外参加日内瓦会议,邓颖超同志为总理手书一封仅八个字的信:"枫叶一片,寄上相思。"收到信后,周总理给邓颖超同志回信,并附上一朵芍药遥寄远思。这个朴素的故事没有采用宏大叙事,而是从历史中挖掘出伟人生活的平凡细节,小中见大地折射出了总理鞠躬尽瘁的形象。当现场屏幕出现青年周恩来曾写下的"愿相会于中华腾飞时",青年观众心中激荡着对总理的敬仰之情与家国情怀。

　　围绕《全国大学生党史知识竞答大会》,"央视频"还开发了众多品牌化、系列化的衍生节目,包括"最美开学季""全国大学生党史知识竞答大会选(手)管(理)幕后大探班系列""青春我最红·百校大集结""典读青春"等系列短视频。观众也可以在节目视频号中观看"延安宝塔山""拾亿红岩精神""南昌八一大桥"等红色慢直播。

　　可以说,《全国大学生党史知识竞答大会》在节目制作之初以融媒思维策划的一系列新媒体产品,改变了传统大屏播出后的小屏"碎片化"分发情形,从而让小屏既成为大屏内容传播的延伸,又以其在角度、形态方面与大屏的区隔,与大屏构成重要互补。这些多重叠加的小屏产品实现了"大屏未播、小屏先热"的传播效果,推动着党史传播对青年的最大化抵达。

3. 大小屏联动,从相加到相融

　　《全国大学生党史知识竞答大会》的大小屏联动,并非机械的渠道叠加，而是重视不同媒介渠道从"相加"到"相融"的演进，从而打造了大小屏跨屏联动的成功案例。如在节目录制过程中，除现场来自全国 100 所高校的 100 名在校大学生在演播室答题外，全国各地学子都可以借助教育部"中国大学生在线"及"央视频"App 等参与同步在线答题。

据了解，比赛期间全国共有 2800 多所高校的 1000 多万名大学生同步在线答题，覆盖 31 个省（自治区、直辖市）和新疆生产建设兵团。每场比赛中，现场都会公布当期比赛场外实时参与高校数量以及参与总人数，包括高校前十名、省区市前十名的排名情况。答题进程中，主持人还会连线场外大学生，与他们实时互动，强化云端观众的临场感。

而在"央视频"客户端，用户可以选择"我是党史达人"或者所支持的高校参与答题，在校大学生则可以加入自己学校的答题阵营，排行榜会即时更新不同高校的答题积分排名。播出四天后，各大高校学子踊跃参与，黑龙江中医药大学连续四天排名第一，很多高校如北京林业大学、曲阜师范大学、温州大学、湖南大学、江南大学、中山大学等，通过学校官方微信、微博号召在校学子积极参与《全国大学生党史知识竞答大会》的场外答题，并组织云端答题团，为学校"打卡""打榜"，形成了校园学习党史的热潮。

同时，用户在评论区可以针对节目中的党史故事、党史事件、党史人物，发表自己的感触与观点，围绕节目持续进行长尾发酵。上海交通大学研究生段沁园表示："通过观看大学生党史知识竞赛节目，我重温了党的历史，对党的发展历程又有了更深入的了解。在日后我还会不断学习党史知识，用心思考，深入领会，做到理论联系实际，传承党的精神与优良传统，为祖国的繁荣昌盛贡献更多的力量。"中南财经政法大学本科生张书嘉表示："通过本次党史知识竞赛，我更深入地学习了百年党史，看到了一直伴随着中国共产党的发展的大大小小的苦难和挫折。"

整体而言，百年党史惊天动地、气吞山河，《全国大学生党史知识竞答大会》则坚持守正创新，以青春化的视角对党的伟大征程和丰功伟业娓娓道来，以正大气象实现了对党史的审美建构，是党史教育与美育结合的典范。在融合传播中,《全国大学生党史知识竞答大会》将党史传播与全媒体渠道紧密结合,依托"央视频"平台搭建起了大小屏全媒体矩阵,同时在节目中切入青年关注的议题,激发新的话题空间,实现了大小屏之间的高效联动;通过打通前期、中期与后期的传播链路,大小屏全程实现共振互哺的联动效果,为向青少年讲好党史故事提供了典范,也为主题宣传的全媒体联动提供了新的案例。

二、从全球到本土

中国综艺节目从诞生伊始就始终在全球与本土的呼应中螺旋式前进。1990年推出的《综艺大观》和《正大综艺》可以说是早期中国电视综艺的"双子星"。这两大综艺节目分别打上了鲜明的本土烙印和全球印记。《综艺大观》的基本立意和形态承继春节联欢晚会,可被视为"小春晚",这种电视文艺晚会的类型颇具中国特色,从知识考古的角度来看,可以追溯到汉代的傩戏表演与广场演出。《正大综艺》与之相比则体现出"国际范儿"——这是国内第一档外资介入、以企业冠名的节目,内容主要是介绍全球各地的风光民俗,节目中那句"不看不知道,世界真奇妙"也成为一代人的记忆。两档节目很大程度上奠定了此后几十年综艺节目的创作基调,让中国综艺节目在全球与本土、引进与原创的辩证关系中互动发展。

1997年湖南卫视开播的《快乐大本营》是中国电视综艺的节点性节目,自这档节目起,游戏、娱乐等曾被看作"洪水猛兽"的元素,在电视节目中开始取得合法性地位。这档节目也成为向海外综艺节目师法借鉴的滥觞,此后直至21世纪的第一个十年里,中国综艺节目始终紧跟全球综艺节目的潮流,亦步亦趋地模仿。中国的流行综艺节目也伴随着全球综艺节目的类型演变,先后经历了游戏节目、益智节目、选秀类节目、相亲节目等变迁。

需要指出的是,这个阶段的借鉴普遍都是对于海外节目的"偷师",如果用今天的眼光来看,很多节目都有"侵权"之嫌。但当时在世界范围内,综艺节目的版权保护意识都不够强，因此，过渡时期的版权"擦边球"似乎不可避免。

中国综艺节目真正大体量、正规化引进海外版权，出现在 21 世纪第二个十年伊始。2010 年东方卫视播出的《中国达人秀》被普遍看作首档引进海外版权的综艺节目。从这档节目开始，海外版权综艺节目鱼贯进入中国市场，"节目宝典""飞行制片人"等也塑造了综艺节目生产者工业化、科学化的制作观念。

2012 年的《中国好声音》是版权引进节目的"高光时刻"，这档高举高打的"现象级节目"，以其强大的社会话题效应和"四两拨千斤"的商业溢价，直接推动着中国电视综艺进入"大片时代"。由此，海外版权+高投入+人气明星，一时间基本成为头部内容平台综艺生产的标配，海外模式也在此后几年里基本垄断了中国综艺的前十名序列。2013 年《爸爸去哪儿》《我是歌手》、2014 年《奔跑吧兄弟》（后改名《奔跑吧》）、2015 年《极限挑战》等堪称"国民综艺"的节目，都是海外节目的翻版，海外模式可谓蔚然成风。

应当说，系统地学习海外节目的创意策略、创新路径与工业规范，是中国综艺节目高质量发展过程中必须经历的一个环节，而大量引进海外版权及制作团队，也的确在一定程度上提升了中国综艺节目的工业化水准，缩短了与全球优秀综艺模式生产国家的差距。但另一方面，不容忽视的是，海外节目版权的蜂拥极大地挤压了本土原创综艺的空间，弱化了本土综艺生产者自主创新的能力和意愿，从长远来看，必然会导致国内文化创意能力的倒退。

海外模式本身也在一定程度上负载了异域文化和意识形态属性，长期的引进很可能会带来"文化殖民"的潜在风险。2016 年 6 月，广电总局推出被业内称为"限模令"的规定：卫视每年在黄金档播出的引进模式节目不得超过两档；每年新播出的引进模式节目不得超过一档，第一年不得在黄金档播出。同时，推出创新创优的相关鼓励措施，大力扶持推动综艺节目的自主创新。2016 年之后，综艺引进版权的"虚火"终于开到荼蘼，国内制作者开始"向内看"，从传统文化中发掘素材，结合多年引进版权中学习的工业化规制和对收视密码的洞悉，打造了《中国诗词大会》《国家宝藏》《朗读者》《声入人心》《经典咏流传》等一批兼具收视与口碑的"叫得响、传得开、留得住"的精品综艺，也不乏优质的原创节目版权成功实现"文化出海"，在全球范围内通过具有中国文化魅力的模式"讲好中国故事"。

扫码看

案例解读

《朗读者》

《朗读者》是近年来为数不多的、在传播力和影响力方面达到一定平衡的读书类节目。这档节目强调以个人成长、情感体验、背景故事与传世作品相结合的方式，精选上乘文学佳作，用平实情感读出文字背后的价值，展现有血有肉的真实人物与情感。节目播出后，呈现出收视与口碑同时高企的状态，有效实现了从"大众化"转向"化大众"的良好效果。《朗读者》的良好效果得益于很多方面，如国家对于全民阅读的重视、节目创作理念更新、制作方式的变革、品牌推广上的多方发力等，最关键的是节目在形态创新上实现了突破。《朗读者》的形态创新，体现为四个特征。

1. 碎片式结构，输出高密度、快节奏信息

相比过去读书节目沿线性结构层层递进的叙事方式，《朗读者》用碎片式结构作为节目基本架构。节目每期邀请5—7名嘉宾担任朗读者，每位嘉宾板块相对独立，又紧紧围绕节目统一的主题线索，形散而神不散。例如，首季第一期节目主题为"遇见"，邀请了演员濮存昕、"无国界医生"蒋励、企业家柳传志、模特张梓琳、翻译家许渊冲、普通人夫妇周小林和殷洁等人作为朗读嘉宾，每位嘉宾按照主题以及个人生平经历，选取了体裁、风格等不尽相同的文字作为朗读素材。濮存昕朗读的是老舍的《宗月大师》，蒋励读的是鲍勃·迪伦的《答案在风中飘扬》，周小林和殷洁夫妇朗读了朱生豪的《朱生豪情书》，柳传志甚至带来了他在儿子婚礼上的致辞。每个独立成章的板块包含精彩的叙事段落，却又紧扣主题，引人入胜。

碎片式结构与当下信息爆炸、观众注意力被切割的现实契合。过去读书节目倾向于在单期节目中推介或品评一本书或一个作者，这样的设计固然结构完整，逻辑严密，讲究起承转合，保证了信息的全面，却也容易造成节目节奏拖沓、冗长沉闷、受众黏性减弱的问题。如果观众对于当期节目推荐的书籍或嘉宾没有兴趣，就很容易流失。

生活中的阅读行为和电视中的阅读毕竟存在区别。书籍在内容上具有连续性，注重前后的逻辑关系与因果发展，一个合格的读者在阅读时不能仅停留于"感觉上的整体"，而是要在阅读完全文后，"将书中重要篇章列举出来，说明它们如何按照顺序组成一个整体的架构"。① 但电视观众青睐高密度的信息流和快节奏的叙事推进，即使是面对读书节目这样的"慢综艺"，也希望能有一张一弛的效果。《朗读者》的碎片式结构，让节目保持了较高的信息密度。每期节目邀请的多个嘉宾，在受众方面尽可能覆盖了不同群体，以持续的新鲜面孔丰富了节目视觉元素。同时，多个嘉宾所讲述的生活经历和朗读的文字片段尽管主题相同，内容却大异其趣。碎片式结构让更多视角切换和文本呈现成为可能，在叙事中形成了类似国画"散点透视"的风格。

此外，碎片式结构对于节目后续的传播也不无裨益，每个版块逻辑自洽、结构完整、时长有限，比较适合短视频时代的碎片式传播。例如，节目播出后，翻译家许渊冲的相关片段在网络上流行，这自然得益于许渊冲的个性魅力，但也离不开短视频形式的内容片段对传播的推动。

2. 价值配置多元化反映"整体现实"

正如前文所说，《朗读者》的碎片式结构会借助 5—7 位嘉宾的叙事作为内容支撑，而选择哪些嘉宾则大有讲究。从呈现效果来看，《朗读者》在嘉宾选择上注重价值配置的多元化。所谓价值配置的多元化，是指节目在选择嘉宾时，注重从不同年龄、性别、职业、民族、性格等多个层面考虑，最大程度覆盖不同的社会群体，让节目在嘉宾配置上能够形成一个浓缩的小型社会，角色属性上实现一种"宏观的完整人"，反映"整体现实"。不同的观众都能在嘉宾身上获得群体认同和自我投射。目前，多元化价值配置已经成为海内外真人秀选角的通用手法，例如海外经典真人秀《老大哥》《幸存者》《学徒》《全美超模》等节目的角色配置，均会兼顾种族、年龄、职业等各个维度，这是保障收视的必要策略。

《朗读者》的嘉宾选择搭配，尽力兼顾了不同的群体。宏观来看，

---

① 莫提默·J. 艾德勒、查尔斯·范多伦：《如何阅读一本书》，郝明义、朱衣译，商务印书馆，2004：70。

节目嘉宾主要由名人和素人（非名人）搭配的"星素结合"构成，通过明星的人气带动节目传播，而素人的加入可以为节目增加普通人视角。节目涵盖的名人群体很多，如第一季有演员濮存昕、蒋雯丽、徐静蕾、王千源、李亚鹏等，有作家刘震云、麦家，有企业家柳传志、胡玮炜以及模特张梓琳、翻译家许渊冲、运动员赵蕊蕊等。素人有"无国界医生"蒋励，"鲜花山谷"夫妇周小林、殷洁，"耶鲁村官"秦玥飞等。

恩格斯说，现实主义就是塑造"典型环境中的典型人物"，而依照别林斯基的说法，典型人物又是一群"熟悉的陌生人"。名人群体自带光环，观众从不同侧面对他们多少有些了解，但是他们在节目中所呈现的生活经历和阅读经验，却是"陌生化"甚至私人化的，让观众看到的是此前很少见到却又鲜活生动的一面。例如，演员徐静蕾此前给观众的印象是洒脱、干练，但在节目中她谈起奶奶却一度哽咽，朗读史铁生《奶奶的星星》时潸然泪下；作家麦家在舞台上谈到儿子青春期的叛逆时，说起了自己儿时对父亲的冷漠态度，这是他内心非常私密的情感，也在不经意间和盘托出。

素人本身就是观众中的一分子，是容易引起观众"共情"的主体，但却因为一些闪光点成为舞台的主角，这些闪光点对大众来说也是陌生的，是平凡人物的高光时刻。例如，蒋励是北大人民医院的医生，2012年她加入世界最大的独立医疗救援组织"无国界医生"，穿梭在处于战乱、疫病、灾难威胁下的国家，救死扶伤。在阿富汗、巴基斯坦的枪林弹雨中，她接生了不计其数的婴儿。舞台上，她为观众朗读了诺贝尔文学奖获得者、民谣诗人鲍勃·迪伦的歌词《答案在风中飘扬》，个人经历和歌词的意境交相辉映，让很多观众动容。

3. 故事讲述实现情感"互文"

传统读书节目在当下往往被娱乐大潮冲击得收视惨淡，主要的原因其实在于其传播诉求和观众需求之间出现了落差。传统读书节目比较重视知识的"搬运"、理性的分析以及由此带给观众启示，这种节目非常容易落入一种境地，即：只有"理"，没有"情"；只有旁观视角，没有主体视角；观众也只有赏析感，没有代入感。读书节目应该怎样定位，是主创首先该思考的问题。

事实上，一档读书节目受时长所限，能呈现的知识容量往往有限。更重要的是，观众也并不是抱着吃"压缩饼干"的心态来看读书节目，并不追求从读书节目中获取太多知识。好的读书节目应当起到召唤和启蒙的作用，动用节目元素激发观众对于作者、书籍的兴趣，从而培养日常的阅读习惯，这也是一种"授之以鱼，不如授之以渔"。

读书节目要实现召唤效果，应通过以情感人的方式，在潜移默化中对观众产生影响。情感力量的激发，不是来自空洞的煽情、生硬的造作，而是源于生活中点滴的平凡故事。这些深蕴情感能量的故事，能切中观众的感受，荧屏内外形成一种彼此观照的情感"互文"。

"文学即人学"，这句话不仅对创作者适用，也对鉴赏者适用。人们在成长过程中经历的喜悦、磨难，获得的灵性感悟，可以在书籍中找到共鸣。也有很多人在面对人生的苦难和挫折时，从书籍中获得信念支撑，激发生命的能量。这一切，给读书类节目提供了可供挖掘的故事富矿，此前却被很多节目忽视。《朗读者》充分发挥了读书节目的优势。在《朗读者》中，嘉宾所选择的朗读内容，都能在自身的生活经验中找到相关性，要么是所选文字曾带给自己感动，要么是这些文字暗合了自己的生活轨迹，而每段经历都是足以令人回味的故事。例如，演员濮存昕年少时期患有腿疾，被同学乱起绰号"濮瘸子"，在那段灰色的时间里，医生荣国威帮他治好了病，让他重拾自信。而老舍先生的文章《宗月大师》描述的是，老舍儿时家贫上不起学，"偶然"之中遇到了恩人刘大叔（宗月大师），在他不计回报的资助下，老舍先生从一个只字不识的孩童成为一代语言大师，之后刘大叔为救人，竟至倾家荡产，又丧子，继而一家人都入了空门。濮存昕的个人故事和老舍受宗月大师资助的经历，虽然略有差异，但内核是相同的，两段故事相互映衬，呼应了节目的主题。再如，《朗读者》节目中不少朗读者所选的文字片段，皆出于自己笔端，如柳传志朗读的是自己在儿子婚礼上的致辞，麦家读的是给儿子的留言，倪萍所选片段出自于其所著的《姥姥语录》，郑渊洁选择了自己写作的《父与子》，刘震云朗读了自己所写的《一句顶一万句》片段，由此，作为朗读者的作者可以更加真切地直抒胸臆，而观众也可以收获更加强烈的情感共振。

4. 运用"抽象阶梯"理念

美国语言学家 S. I. 早川曾在其 1939 年出版的《行动的语言》一书中提出了"抽象阶梯"的概念。早川认为，所有的语言都存在于阶梯上，最概括或抽象的语言和概念在阶梯的顶端，而最具体、最明确的话语则在阶梯的底部。在讲故事时，叙事者在阶梯顶端创造意义，而在底部去建立例证：阶梯顶端的写作是言说，它呈现概况；阶梯底部的写作是展示，它呈现细节；抽象阶梯可以帮助写作者弄明白如何在顶端表达意义，又如何在底部举出具体例子，并避免中部的浑浊状态。[①]

事实上，抽象阶梯的概念对于从事叙事工作的人，不论是虚构叙事的编剧，还是非虚构叙事的记者、编导都是适用的。《朗读者》在创作中娴熟地运用了"抽象阶梯"的理念。节目中的抽象阶梯顶端，就是每期所选择的主题，如首季播出的几期节目中的"选择""陪伴""遇见""落泪"等，这些主题通常高度凝练，每个词语总是可以发人深思，具有巨大的阐释空间，针对的受众群体也有普遍性，在话题延展和视角提供方面具有多元可能。

如在"落泪"这期节目中，抽象阶梯顶端的意义旨归是"总有一刻让人泪流满面"，每个人生活中都有被触动的瞬间，而在抽象阶梯底端，则是通过节目邀请的嘉宾迥异的生活经历，对这个主题进行表达。于是，在节目中我们看到生活中从不流泪的演员斯琴高娃，却在朗读贾平凹散文《写给母亲》时，沉浸在回忆的悲痛中泪如雨下；来自广西的"网红"夫妻丁一舟、赖敏，丈夫丁一舟为满足身患绝症妻子赖敏的心愿，两人从广西柳州出发，边打工边看世界，他们的旅程在中国地图上形成了一个"心"形，感动无数人。一段段声泪俱下的故事引发了观众的情感共鸣，让他们心灵得到了净化。

---

① 马克·克雷默、温蒂·考尔编《哈佛非虚构写作课：怎样讲好一个故事》，王宇光等译，中国文史出版社，2015：203。

三、从泛娱乐到泛文化

中国电视节目对娱乐功能的开发并非一蹴而就的事情。受到"文以载道"创作传统等因素影响的电视媒体,很长时间内并未重视电视的娱乐功能,或者说对娱乐功能存在拒斥。即便部分节目追求寓教于乐,但很大程度上,这种"教"也是偏重教化、宣教,使得起步阶段的中国综艺节目带有居高临下、"俯视众生"的感觉。1997 年开播的《快乐大本营》以及随后的《幸运 52》等节目,则表征了电视对于娱乐功能的"松绑",电视媒体终于可以放低"身段"与民同乐。2005 年前后《超级女声》引发的"大众狂欢"热潮,最终把娱乐"犹抱琵琶半遮面"的面纱揭掉。

拥抱娱乐从某种意义上说是电视媒体的平民视角和受众赋权,具有正向意义。但当娱乐风屡屡引发收视高点之后,剑走偏锋的现象也开始出现,"泛娱乐化"成为电视节目的鲜明趋向。当新闻、纪录片也开始娱乐化,综艺领域更是重灾区,浅表化、粗鄙化、博眼球,"尽是癫狂,尽皆过火"。这让尼尔·波兹曼的传播学名著《娱乐至死》成为这个时期综艺生产的适切注脚。

拐点出现在 2011 年,广电总局发布被业内称为"限娱令"的调控政策,这个政策的影响力甚为深远,以雷厉风行的态势重塑了荧屏综艺生态。在政策的坚强指引和综艺类型本体的创新自驱下,"泛娱乐"向"泛文化"的转型逐渐成为中国综艺节目的重要景观。

一方面,文化类综艺节目迎来了"春天",《传承者》《见字如面》《中国诗词大会》《朗读者》《声临其境》等节目高密度涌现,成语、诗词、读书、读信等细分题材层出不穷、蔚为大观。从浩荡历史长河中博观约取,将厚重的文化题材转化成现实的审美需求,电视荧屏一改往日大量充斥的棚内综艺和户外真人秀的喧闹,书卷气增加了很多。不少媒体不吝用"风口""回暖""复兴""清流"这样的词汇,为文化类节目的热播贴上标签。仅从影响力来说,这些节目所引发的关注度和讨论度,不仅在文化类节目的范畴中实属空前,在近年所有电视节目中也堪称"现象级",《国家宝藏》《朗读者》《中国诗词大会》等节目均在一段时间内成为街谈巷议的话题,构成了重要的文化现象。

另一方面，竞技类真人秀、棚内游戏、才艺选秀等类型，也尽可能地在自身节目生产中寻找文化视角。如《奔跑吧》《极限挑战》等户外真人秀选择历史文化名城录制，在节目主题设计中尽可能结合历史典故、民间传说、地域风情，在视听包装上较多地采用山水画、中国风配乐、古典诗词等元素，折射了与文化结合的努力。客观地说，这种"文化+"类型的生产模式，并不都能够与娱乐元素形成水乳交融的共生，很多节目的泛文化策略常常呈现出"夹生感"，但无论如何，在娱乐化题材中内置文化元素，一定程度上提升了综艺节目的审美品格，推动着传统文化的"创造性转化，创新性发展"。

扫码看

> **案例解读**
>
> ### 《遇见天坛》
>
> 在政策东风的吹动下，文化类综艺渐入佳境，形成了一个创作上的小高潮，不同题材和样态的文化类节目次第涌现，丰富了综艺类型，也刷新了观众认知。从内容平台来看，北京卫视无疑是这次文化节目复兴的中流砥柱。从《传承者》《非凡匠心》到《创意中国》《传承中国》《上新了，故宫》，这些颇具影响力的新锐文化节目，均出自北京卫视手笔。在层见叠出的精品打造中，北京卫视逐渐摸索到了文化类综艺守正创新的命门。其中，《遇见天坛》的播出，就是北京卫视对"国潮"概念的再度聚焦与全新发酵。
>
> **1. "国潮"回归，年轻语态还原天坛魅力**
>
> "国潮"崛起正当时。近两年，始自体育潮牌的"国潮"风逐渐向外围蔓延，奢侈品、文创产品等领域闻风而动，渐次加入这场审美新潮中。而在内容生产领域，以北京卫视为代表的平台也在酝酿着一场"国潮"风尚。2018年年末，北京卫视推出文化节目《上新了，故宫》，这档节目"零距离"地激活了故宫文化密码，确定了"国潮"风在综艺内容中的落地，节目的成功试水也令北京卫视愈加坚定地将"国潮"视作新锚地。

在《遇见天坛》节目播出之前，天坛对于大众尤其是年轻群体而言，更多地作为一个古迹的概念存在，饱经沧桑、古老厚重等关键词，可以大致勾勒出观众对天坛的普遍认知，这种刻板观念自然令大众对天坛"敬"中有"畏"，心生距离感，影响了天坛文化魅力的充分释放。北京卫视则通过内容创作中的"国潮"方法论，力图找到古典文化与青年文化的接口，拭去古老文物的历史尘埃，让天坛这座历史遗迹焕发新生。节目中，观众跟随三位固定实习生冯绍峰、苗苗、黄明昊及多位飞行实习生的视角，近距离接触天坛的古建筑、古乐器、古文物，体验天坛中的古老职业，节目由此完成对古典文化的大众传播。

北京电视台总编辑徐滔将"国潮"文化定义为"中国底色、潮流原色、生活本色"，依照这个界定，《遇见天坛》借助电视手段对"国潮"进行了精彩诠释。"国潮"的基底是传统文化，脱离传统文化支撑的"国潮"必然是"伪国潮"。因此《遇见天坛》的表现重心始终紧扣天坛文化，从先导片可以看出，节目中的人物关系、任务设置、戏剧情境、目标诉求均以天坛文化为支点铺陈，如通过编钟归位找寻三百年前的声音，借助五音起舞演绎三百年前的舞蹈等任务，以及中和韶乐表演等核心叙事段落，均是尽力呈现天坛文化的要义。节目中还将呈现修复六百年的琉璃瓦、寻觅天坛的绝世珍宝等内容。同时，对于这种厚重文化的观照，《遇见天坛》采用了活泼灵动、既萌且酷等符合潮流趋势的方式进行表达，整个节目表现手法充满青春时尚的气息，这也是"国潮"得以"潮"的关键。节目还以天坛中的"神兽"螭作为主体视角，"神兽说"承担起整个节目穿针引线的结构性功能，"神兽"的拟人化语态软萌可爱，如在介绍"神乐署"这个场所时，"神兽"将其比喻为上苍和人间的电信局，这些平实易懂的"萌化"解说，迅速解锁高冷的文化密码。《遇见天坛》中还大量使用了"情景再现"的方式，由节目嘉宾亲自出演，通过模拟历史场景和演员恰到好处的扮演，带领观众重返历史现场，这种沉浸式的再现强化了观众的历史在场感。此外，节目中还运用了时下流行的 Vlog 等文化元素，这些生动的表现手法均强化了节目的可看性与趣味性，使得"国风潮流化"不流于空谈。

2. "天坛萌新"意趣十足,明星职业体验强化观众共情

除了表现手法的年轻态,《遇见天坛》还通过明星体验,拉近了观众的审美距离。《遇见天坛》提出了"天坛萌新"的概念,节目中的明星嘉宾们以天坛实习生的身份体验天坛八大管理部门的日常工作,完成相关的体验任务。这些对天坛了解不多的嘉宾,面临任务时如职场小白一样手忙脚乱,但随着节目的推进,明星嘉宾也逐步了解天坛文化的奥妙。

《遇见天坛》明星嘉宾的选择与搭配可圈可点。节目不仅邀请了冯绍峰、苗苗、黄明昊担任常驻实习生,每期还邀请两名飞行嘉宾。曾经出演过清朝穿越剧的冯绍峰,在天坛中似乎也完成了一次精神穿越。从先导片可以看出,节目中的冯绍峰更像是行走的"百科全叔",给其他嘉宾讲述历史掌故,如中和韶乐、骑凤仙人、"三月不知肉味",展示了他博学的一面。作为中国香港青年代表的李治廷,在近距离见识中华文化的博大精深后,深情地演唱了一曲《我和我的祖国》表白祖国母亲,引起了观众强烈共鸣。杨幂、黄明昊的"绝世珍宝组合"令人过目不忘,这两位嘉宾在现场开启畅聊模式,妙语连珠,不时进入"戏精"状态,为节目平添了不少趣味十足的亮点。此外,节目中苗苗令人惊艳的舞蹈功底,双马尾辫亮相的迪丽热巴,都展现出了年轻势能与古典文化的交融碰撞中释放出的全新活力。

事实上,明星嘉宾在体验中的视角正是观众的视角,对天坛一知半解的观众跟随明星嘉宾的视野移步换景,感受天坛建筑文化、祭祀礼仪、乐舞文化等多方面的魅力,关于天坛的很多此前不为人知的秘密,如祈年殿圜丘的秘密等,在实习生的行动线当中层层揭示。这种循序渐进的探寻增强了观众的代入感,从而使古老文化以更接地气的方式与当下观众建立"连接",较好地完成了文化传承。

3. 古老天坛讲述"中国故事",《遇见天坛》对外"展形象"

作为世界上现存最大的古代祭天建筑群,天坛汇集了中国祭祀文化、礼乐文化、建筑文化、生态文化的精髓,不夸张地说,天坛文化中蕴含着中华民族的文化密码和民族记忆,在这里可以读懂中国,读懂中

国人。正是基于这样的立意起点，《遇见天坛》将镜头对准了这个文化宝藏，并通过层层递进的典故介绍，用现代的表达方式将尘封已久的历史元素和盘托出，完成对文化符码的解密，折射中华文化的魅力。为了让节目全景展现天坛文化，天坛管理机构还赋予主创进入未开放区域的权限，如祈年殿殿内、皇穹宇殿内等，这无疑增加了节目的新奇感。可以说，《遇见天坛》不是单纯聚焦一处古代建筑群，而是在探索一条展示中国文化精髓的路径，主动向世界"展形象"，更好地讲述中国故事。无论是嘉宾向国外游客介绍鼓的打击方式，抑或是对早于钢琴一千多年诞生的编钟的魅力还原，乃至在中外游客面前展现融礼、乐、歌、舞于一体的中和韶乐，《遇见天坛》始终借助生动的细节展现中国气派和文化神韵，在仪式化建构中实现中国文化的对外传播。

四、从大众到圈层

在传统的电视媒体主导的时代里，由于电视的"广播"属性、电视时段资源的有限性以及以收视率为指挥棒的调控，综艺节目的制作与传播是以"大众传播"作为底层逻辑，其目标受众尽管有所区分，但其潜在的追求通常是合家欢、全龄化、广谱性，要尽可能将老中青三代观众一网打尽。这样的传播逻辑体现在生产端，则是在题材和风格取向上，要追求最大公约数受众群体的共情，简而言之，就是要"大众化"而不能小众化。在这种逻辑主导下的主流综艺节目，都力图体现出较宽的收视波长。

近些年的综艺节目生产，开始出现了不同的风向。很多在过去被认为小众的题材，越来越成为一些大型综艺的取材方向。关键是，这些节目往往成功突破圈层壁垒，以小众题材撬动起大众的市场，典型的如《中国有嘻哈》《这！就是街舞》《乐队的夏天》等节目。嘻哈、街舞、乐队，乃至电音、古风、摇滚、二次元、机器人等青年亚文化元素，开始成为大型综艺的题材选择。

这种变化一方面是一种题材创新策略。经过多年发展，综艺节目题材类型花样繁多,这也使得创新空间越发收窄,但观众对内容消费的需求是天然地求新求异。以音乐选秀为例,常态化手法用过之后,转椅、蒙面、跨屏等形态突围轮番上演,再之后可能就需要从垂直细分题材中寻求突破了。

另一方面,也是更关键的原因,在于流媒体平台的崛起,使网络综艺成为与电视综艺分庭抗礼的重要存在。新兴互联网技术重构了社会形态,使社会再结构化,青年群体基于趣缘关系在网络世界中寻找同好,原子化、碎片化的个体,通过虚拟空间的组织而聚合,重新"部落化",建立起了实际或想象的"共同体",寻求身份认同和群体归属,因此,圈层化成为当下青年文化的重要特征。与此同时,青年群体又是综艺节目尤其是网络综艺的主流观众群体。对于目标用户的圈层化属性,综艺制作必然会在类型再生产中体现,"大众的小需求"以及"小众的大需求"积点成面,构成影响内容市场风向的因素。

当然,圈层化的题材,依然需要采用大众化的话语,从而实现小众题材的大众化表达。按照爱奇艺首席内容官王晓晖的说法,就是"大众情绪的个性化表达"与"个性情绪的大众化表达"。在具体操作中,则体现为综艺节目制作者从垂直细分的领域切入,选择较少开掘的题材领域,通过故事化、情感化的审美转化,达到一个较大的传播声量。由此可见,节目的这种圈层化是一种采用"陌生化"思维的大众化,其在聚拢圈层用户需求的同时,终极旨归也是力图覆盖更多受众。

扫码看

案例解读

《说唱新世代》

近些年,在一些说唱类节目的驱动下,说唱文化在中国经历了从圈层化到大众化的出圈过程。但此后由于歌词低俗、歌手丑闻、戾气过重等多种因素影响,说唱文化热度呈现了从爆火到骤冷的起伏轨迹,此类节目如何实现美学突围,成为行业难题。《说唱新世代》播出后打消了很多人的疑虑,节目在立意上重新激活了说唱文化的精神底色,直面现实议题让这档节目具有了更加宏大的社会意义,由此得到了主流文化的高度认可。

1. 音乐综艺深度融合真人秀，重塑说唱节目形态

小众文化如何实现大众化传播，是近几年综艺内容生产中探索的热点。伴随着新世代的崛起，隶属于青年文化的圈层文化，逐渐成为内容制作者追逐的题材富矿。但将圈层文化推动出圈并非易事，对《说唱新世代》来说，更大的难度在于，市场对这类题材已经有所开掘，能否别开生面，将考验制作者的匠心。难能可贵的是，《说唱新世代》以极大的创新勇气与魄力，重新定义了说唱类节目的玩法。"我们想重新去定义说唱的概念，告诉中国的音乐爱好者和听众，其实说唱文化并不是那么狭隘，它可以符合我们的真实生活。"B站副董事长兼COO、《说唱新世代》出品人李旎如是说。

该节目总导演严敏曾成功操盘音乐节目《天籁之战》与户外真人秀《极限挑战》，在音乐类综艺、真人秀领域均有较为丰富的经验，在《说唱新世代》中他将音乐选秀与真人秀的类型元素巧妙融合，做出了不一样的说唱综艺。从形态设计上看，《说唱新世代》的最大亮点在于构建了形似《饥饿游戏》《老大哥》的假定情境，将选手聚集的基地划分为一、二、三、四环四个街区，四个街区的生活环境大不相同。在这个情境中，唯一的流通货币是"哔特币"（黑胶唱片）。选手们要想改善待遇，就必须通过公演等方式来赚取"哔特币"，当选手的"哔特币"耗尽时则被淘汰。可以说，"哔特币"的设置给节目提供了一个强大的压力机制，构成了层层递进的叙事动力，围绕着"哔特币"的赚取和多寡，不断衍生出全新的情节线。此间，不同人物性格侧面和人物关系的呈现，也都得到了更立体的展示。

与此同时，《说唱新世代》也号准了真人秀的精髓所在。真人秀的一大魅力就是通过可控范围内的"失控"，突出戏剧感与真实感。《说唱新世代》中就大量呈现了这种真实生活的"毛边"，如首期节目TY、夏之禹先后拒演，黄子韬发火罢录离场等，这些在传统制作观念中被视为"废戏""碎语"的元素，在这里成为强化真实质感不可或缺的构成材料，从而使《说唱新世代》别具生命力。

2. 做时代的表达者，综艺内容生产的"硬核现实主义"

说唱类节目最初能够出圈，一个重要原因就是"keep real"。呈现反叛姿态的说唱歌手，个性张扬、无惧无畏，暗合了新青年自我意识的觉醒，成为综艺市场中新鲜的文化景观。但"成也个性，败也个性"，一些说唱歌手过度凸显玩世不恭的姿态，缺乏言之有物的表达，徒留好勇斗狠的空壳，令大众对这种文化形成了相对负面的刻板印象。事实上，当我们追本溯源，回顾说唱文化的根脉时，会发现这种文化天然有着丰润的表达空间。说唱音乐诞生于20世纪70年代的纽约，彼时社会冲突频繁，种族歧视严重，说唱音乐成为黑人批判社会不公和寻求身份认同的有力载体。应当说，说唱文化从诞生起就具有社会介入、现实批判和人生体悟的功能，而这种功能在《说唱新世代》中得到了很好的承继和发扬。

在《说唱新世代》中，说唱歌手不再止步于一己悲欢的自说自话，而是以更宏大的视野介入社会议题，使节目成为与时代同频共振的镜像。首季节目中，于贞通过《她和她和她》讲述女性在职场和生活中遭遇的不公对待。Doggie 叨叨的 *Real Life* 取材于真实新闻事件，用歌声控诉校园霸凌，呼吁关注教育公平。在某期节目公演中，汽油队的 *We We* 以和平与爱为表演主题，大手笔地回顾了20世纪90年代发生的众多社会事件，颇具宏大格局。在"万物皆可说唱"的观念指导下，《说唱新世代》为用户呈现了说唱文化的价值超越性，它不再是斗狠、挑衅、拜金的代名词，而是具有了底层关怀和现实体认的厚重感，成为新世代的代言利器。这些深具社会思辨价值的说唱表演推动了说唱从"圈层"到"大众"的演进，使《说唱新世代》成为时代的观察员和表达者，完成了综艺节目中"硬核现实主义"的回归。

3. 高度契合B站文化，《说唱新世代》为新青年提供表达空间

网络平台打造自制综艺，一个重要的出发点就是塑造品牌形象，传播平台文化与价值观。《说唱新世代》一经推出就打上了鲜明的"B站出品"烙印，可以被视作节目与平台文化联动的典范。B站以二次元文化起家，是年轻世代为了建立连接和寻求身份认同形成的趣缘关系社区，可以说，社区是 B 站最深刻的基因。而说唱文化在中国的兴起，同样源于新世代崇尚自我表达和个性张扬的需求，基于"社会差别需要"的说唱音乐为他们在漫长青春期中积淀的生活态度提供了有力的表达工具。从这个角度来说，说唱文化与 B 站文化，无论是文化同源感还是用户画像匹配度，均保持高度一致性。

因而，大量 B 站典型的文化符号被有机地嵌入节目中。首期节目中黄子韬的二次元造型就确立了节目的文化坐标。在公演舞台上，选手也和 B 站 up 主合作打造说唱表演。作为 B 站典型文化表征的弹幕，也与节目文本形成了巧妙对话。更重要的是，《说唱新世代》与 B 站的价值观形成了高度契合。一直以来，B 站将"公正"与"包容"视为平台最重要的价值观，《说唱新世代》则在歌词中大量触及社会议题，表达对公平正义的追求。性格多元、风格迥异的选手，也典型地体现出平台的文化包容。

整体来说，《说唱新世代》的价值就在于为新时代的社会百态提供了一面文化镜像，也为新世代青年提供了有力的表达工具。通过 B 站价值观与平台文化点石成金的助攻，节目进一步推动了中国说唱文化的主流化进程，以更适合年轻人趣味的形式，讲好中国故事，传播正向价值。

五、从非虚构到剧情化

所有的影视内容大致可分为虚构与非虚构两大类别。虚构类中通常涵盖了故事片、电视剧，非虚构类则包括新闻、纪录片、综艺等。但在近些年的影像叙事中，这两个类别的边界逐渐呈现融合杂糅的趋势，这种趋势就体现在综艺节目制作中。在前些年的综艺节目制作中，尽管也强调故事化讲述，但其基底依旧是纪实性内容，但最近几年的综艺节目则越来越强调采用高度假定性的剧情式形态，对原有的内容进行改造，比如《奔跑吧》《极限挑战》

《明星大侦探》《全员加速中》《24小时》《72层奇楼》等皆属剧情式综艺的范畴。

事实上，全球综艺节目最近几年都有一种向更加戏剧化的方向转型的趋势，将戏剧和真人秀的精髓结合，以更具故事性的手法包装比较普通的内容元素。比如最近两年比较火的《谁是真凶》是根据美剧《犯罪现场调查》改编的剧情式真人秀，而美国MTV频道早在2006年就曾播出改编自青春偶像剧《橘子郡》的节目《拉古娜海滩：真正的橘子郡》。

综艺制作人之所以喜欢用电视剧的思维制作节目，是因为这种类型的节目更容易在短时间内抓住观众眼球，并用具有戏剧张力的情节增强收视黏性。观众既然喜欢看戏剧，喜欢看虚构的故事，那直接去看电视剧不就好了，为什么还要来看半真半假、亦真亦幻的剧情式真人秀呢？这是因为剧情式真人秀可以提供看电视剧收获不到的视觉快感。剧情式真人秀从影视剧中吸收了戏剧性元素，又从竞技游戏节目中吸收了对抗性元素，从纪录片中吸收了纪实性元素，极大地满足了观众的好奇心，半虚半实的戏剧结构使得整个故事具有前所未有的悬念感。总结下来，剧情式真人秀的魅力在于模糊了真人秀假定性和真实性的边界。

可以说，剧情式真人秀是将"真"与"秀"两种对立统一的元素结合得最为紧凑的形态。它将真实人物放置在一场虚构的秀中，以极大的戏剧性将人物关联在一起，编导在还原故事的前提下，通过逻辑自洽的情节结构设定，一次次将参与者置于危机和障碍中，并通过对戏剧冲突的化解推进叙事进程，让整个节目产生持续性收视。比如，《奔跑吧》第一季的15期节目中，很多期都遵循了经典的三幕剧结构，以人物接受任务和克服阻碍为核心，以胜出者获得圆满结局作为终结，比如"穿越世纪的爱恋""跑男通商队""大漠公主争夺战""楚汉之争""企业家族争夺战"等，均呈现出完整、统一、首尾照应的戏剧结构。剧情式真人秀通过复杂的情境、规则和任务设置，为观众带来了悬念丛生、紧张感十足的审美愉悦，吸引了众多受众，在内容生产竞争激烈的环境中优势明显。所以很多学者都认为，随着真人秀的发展和繁荣，真人秀的"泛剧情化"倾向将成为一种趋势。

案例解读

《机器人争霸》

自《中国有嘻哈》起,综艺行业陡然意识到圈层文化所潜藏的巨大势能,于是在节目题材遴选上出现了明显的观念转向,过去被视为"硬通货"的类型如喜剧综艺、音乐选秀、户外真人秀等开始降温,一些小众题材站上风口。其中,机器人格斗类综艺风潮着实引人注目。凭借技能满点、造型酷炫的机器人展示,以及电光石火、血脉偾张的强视觉冲击,这类节目吸引了大量粉丝。

从类型上看,机器人格斗属于科技类节目。众所周知,科技类节目常常因"高冷"有余而趣味不足,使得用户存在观赏鸿沟。有业内人士曾提出过"坚硬的冰糖"观点,即科技本身像"坚硬的冰糖",硬嚼会把牙齿磕坏,硬咽会把喉咙噎住,但若能巧妙运用综艺手法,就会像用一杯水把这块"冰糖"慢慢融化成糖水。

《机器人争霸》在平衡科技与娱乐、从小众走向大众方面,进行了不错的尝试。不同于其他机器人对抗类综艺的纯粹"科技力"比拼,《机器人争霸》突破了机器人格斗的单一形式,用剧情式真人秀手法、电竞感的赛制等创新手段,规避了同类节目简单堆叠钢铁之间硬碰硬的问题,给观众带来了惊喜之感。

剧情式真人秀是当下综艺制作中探索的全新语法,与同类节目普遍采取四平八稳的老派赛制不同,《机器人争霸》巧妙运用了倒叙、反转、悬念等剧情化技巧,结构的起承转合非常讲究,埋伏的悬念暗线丰富,使得叙事处理更显高级。竞技性节目的一大魅力就是赛事走向的不可控,《机器人争霸》的剧情反转桥段常常让观众备感意外。如首季第六期节目中,杨颖的机器人龙鳞带伤迎战李晨的机器人战斧。此前,龙鳞已经败给战斧一次,大家都认为这场必输无疑,但在最后关头,战斧的斧头打到龙鳞旋转的机体上,因用力过猛将自己掀翻在地,最后惨败。第十期节目,在1V3闯关挑战中,赛前最被看好的机器人大宝剑,却在第一关对战机器人格斗幸运星头脑风暴时"马失前蹄",轮胎首次失灵,原本可双面行走的大宝剑,失去行动能力后遗憾落败于第二关,这样的结局令人大跌眼镜。诸如此类的反转构成了节目重要的推动力，使得叙事过程悬念丛生，观众永远不知道下一刻会发生什么。

除了剧情化叙事外，《机器人争霸》中电竞感的赛制和解说，也令观众耳目一新。节目中设置了推塔战、深渊战、魔王踢馆、BO3联盟战、五机混战等多种赛制，以联赛晋级为格斗主线，这与多人在线战术竞技游戏有异曲同工之妙，在一定程度上赋予了机器人角色化的人格特质。而两位著名电竞解说 wAwa 和管泽元也加入节目中，将幽默诙谐的解说风格和专业的格斗知识细腻融合，不仅金句频出，恰到好处地点出比赛的精彩之处，还将一些观众不曾了解或注意到的场内场外梗自然带入解说中，为节目增色不少。

本章思考与练习

1. 从你的视角来看，当下综艺节目发展还有哪些趋势？
2. 融合时代综艺节目发展的嬗变，给我们的专业学习提出了哪些要求？
3. 试以近两年热门综艺节目为例，说说它们是如何应对和利用综艺节目制作发展趋势的。
4. 选择一个你最喜欢的综艺节目，分析它如何满足不同观众群体的需求，以及它在内容、形式和制作上有何创新之处。

第二章

类型：综艺节目的多元形态

学习目标

通过本章的学习，了解当前综艺节目的多元分类，掌握不同类型的综艺节目在制作过程中的差异与共性，认识不同类型综艺节目的成功因素和面临的挑战。

关键术语

综艺节目类型；游戏类综艺节目；益智类综艺节目；真人秀；文化类综艺节目

电视是一种高度类别化的媒体，很少有在既定类别范畴之外的一次性的节目。[①] 类型不仅能满足综艺节目的观众对于内容的期待，也契合播放与制作主体对媒介产品进行区别的需要。创作视角下的综艺节目类型分析是实践操作的"元载体"和文本分析的"元概念"，也是促进节目高效创作和创新创优的重要支撑。

类型是指通过研究对象而归结出其特征方面的相似性，并反映到综艺节目的创作领域，主要体现在拥有能被观众识别出的特别的程式性元素，包括人物、情节、场景、服装和道具、音乐、灯光、主题、对话、视觉风格。[②] 差异化的元素归纳会为类型结果带来多样化的划分标准——节目题材、表现形式、服务对象、传播范围等，但单一的分类方法难以穷尽所有的节目类型。当前对综艺节目类型的界定分析紧随现实情况，但业界范围内新颖的节目模式诞生又会扩展或缩小固有的类型标准，制作者约定俗成的类型概念也会不断冲击已有的节

[①] 约翰·菲斯克：《电视文化》，祁阿红、张鲲译，商务印书馆，2005：157。

[②] 大卫·麦克奎恩：《理解电视：电视节目类型的概念与变迁》，苗棣等译，华夏出版社，2003：22-23。

目分类体系，因而对节目进行分类的标准、原则与结果也会因时而变。

本章聚焦媒介融合视域下具有突出代表性的综艺节目类型，突破以往恒定视角下的体系化分类标准与归纳方式，挑选21世纪以来曾获得市场认可、受众追捧、学界瞩目的多种综艺节目类型，包括游戏类、益智类、真人秀、文化类等，探寻其形态分类、历史源流、类型特点和创作策略。

一、游戏类综艺节目

游戏类综艺节目是综艺领域内最具代表性的细分类型，它以名人或具备表演潜质的人物为核心参与者，通过才艺展示、杂耍、滑稽展演等游戏与表演的形式，以向观众提供娱乐观赏体验为主要目的。其诞生和发展伴随着我国社会改革变迁和市场经济开放的进程，成为大众释放日常生活工作压力、获得积极健康情绪的重要媒介内容来源。

（一）形态分类与历史源流

游戏类综艺节目表现形态相对固定，根据内容题材可大致分为两类：一类以娱乐比拼为主，强调单纯的娱乐目的而不考虑教育意义和教化目的，在通过名人效应凝聚关注的同时，设计多元素杂糅的环节，突出参与者的能力与失误，达到娱乐大众的目的；另一类以体能竞赛为主，将室内外的大型装置或任务挑战作为游戏本体，邀请名人或具备表演潜质的参与者竞技闯关，突出游戏的参与感。

世界上最早的游戏类综艺节目发轫于1938年，英国广播公司直播了以拼写出正确单词为主要挑战项目的《拼写小蜜蜂》（*Spelling Bee*），美国哥伦比亚广播公司也在第二次世界大战前后制作了《CBS电视游戏节目》《猜猜我职业》等游戏类综艺节目。

我国首创的游戏类综艺节目是上海东方电视台于1993年推出的《快乐大转盘》，邀请具有表现能力的普通市民参与室内小型游戏、趣味竞答和野外游戏等环节。1994 年，北京电视台推出《开心娱乐城》《黄金乐园》，以具趣味性和娱乐性的内容、时尚亮眼的演播场景、活泼机敏的主持人等元素在北京地区获得较高收视率。但该类节目因不符合以往对电视综艺节目的要求——艺术性高、价值导向明显、品位高雅别致，而受到一些批评，致使包括《开心娱乐城》在内的部分节目停办。

1997 年，湖南卫视制作了以青春昂扬、快乐至上、贴近生活为主要风格的《快乐大本营》，凭借其广泛参与性、文艺表演性、游戏娱乐性等特质成为家喻户晓的电视游戏节目，并在第十六届中国电视金鹰奖评选中荣获综艺类大奖，促使游戏类综艺节目获得业界与学界的广泛认可与关注。

21 世纪以来，我国游戏类综艺节目尽管受到其他类型综艺节目的冲击，但依然凭借其所具有的娱乐性质占据电视荧屏一隅。中央电视台体育频道《城市之间》、湖南卫视《奥运向前冲》《智勇大冲关》等体能竞赛节目扩充了游戏类综艺节目的范围，浙江卫视《王牌对王牌》《来吧冠军》、江苏卫视《为她而战》等节目融合新的时代背景及主题，对原有的游戏模式进行更新升级。

（二）类型特点与创作策略

游戏类综艺节目以各类游戏现场竞技为总体框架，以文艺表演、现场访谈、观众参与为依托，形成了"游戏 + 明星 + 观众参与"的综艺模式。[①] 游戏类综艺节目相较于其他类型的综艺节目更加注重娱乐价值，突出展现在文本创作过程中各种娱乐元素的利用和融合，努力借参与者的表演（表现）来引导观众纾解压力、释放快乐本能、回忆美好时光。其类型特点及创作策略表现为以下三方面：

节目凸显游戏在环节构建中的主导性。游戏在德国美学家席勒看来是艺术的起源，游戏冲动可以"消除一切强迫，使人在物质方面（感性）和精神方面（理性）都恢复自由"。游戏类综艺节目获得大众认可的原因在于，其通过游戏这一具有娱乐放松性质的表现对象，可以满足大众在较高竞争压力的社会环境中的狂欢欲望，在舒缓大众因工作、生活而产生的紧张感和焦虑症候的同时，

---

① 游洁：《电视文艺编导基础（修订版）》，中国国际广播出版社，2017：52-53。

促进和谐社会的构建。因而该类节目需要强化游戏在节目策划与创作中的主体地位，以才艺表演、娱乐访谈、杂耍戏拟、滑稽搞笑为表现手段，借用较为成熟的游戏形式或装置，扩大娱乐元素的现实效用，突出参与者在游戏过程中的表现，并放大成功或失败的效果，以轻松氛围、热闹场景、搞笑姿态帮助观众释放追求快乐的本性。

节目彰显明星在文本制作中的参与性。21世纪初，游戏类综艺节目以具有创新意义的游戏环节和光彩夺目的明星嘉宾获得较高的收视率，明星参与成为游戏类综艺节目最具号召力的核心策略。当下，面对网络媒介的迅速崛起和综艺多元化景观林立的现实环境，游戏类综艺节目渐渐因环节更新换代频率变慢、明星嘉宾光环消减（"脱冕化"）策略泛滥等原因，难以获得以往的注意力。部分卫视节目采取"常规游戏环节＋号召力明星群体"的模式，每期邀请十余位具有市场影响力和收视热度的名人参与节目，完成各项游戏环节的比拼，单纯依靠资本投入和名人效应吸引观众收视，但该策略也有可能使节目产生追星炒作的负面效应。

节目考虑受众在视听观赏中的共鸣性。游戏类综艺节目受到大众关注且能够实现娱乐目的的主要原因在于，它让观众以平视的眼光取代仰视的视线来看节目，摒弃了传统综艺节目"我演你看"的模式，通过现场观众体验、场外连线互动等方式调动受众的参与热情。当前该类节目不断提高普通人在节目中的参与比重，使荧屏前的观众获得替代性满足。与此同时，游戏类综艺节目常积极采用IP（成名文创形象）借用、经典复现、剧情演绎等策略，合理运用"流行"与"怀旧"的话题效应，通过游戏背景设计、嘉宾人物访谈、表演环节致敬等方式引发观众的精神共鸣，唤起共同的文化记忆。

扫码看

> **案例解读**
>
> ### 《元气满满的哥哥》
>
> 综艺节目的发展一直都在戏剧性与纪实性两个象限之间作钟摆运动。从影响力来看，近年来上新的综艺中纪实性占主导、弱情节的慢综似乎更占上风，但从数据反馈来看，戏剧性占主导、强情节的快综实际上始终是内容市场的流量收割机，曾先后孵化出多档现象级节目。因此快综一直是头部平台不会缺席的重要赛道。

但客观地说，强调竞技性、游戏性的快综，在近些年的创作中多少存在创新乏力的困境，环节陈旧、模式同质、嘉宾重复等问题制约了此类节目的成长空间。湖南卫视播出的游戏类综艺《元气满满的哥哥》扮演了破局者的角色。该节目大胆地对传统快综进行了形态突围、元素重组与类型再生，从而为快综"长期主义"的发展找到了强大的内生动力。

1. 硬通货与广谱性，破局快综的平台逻辑

从定义上看，快综与慢综虽不是严谨的学术界定，却能大致勾勒出受众的趣味分野，标识不同的综艺潮流风格和制作倾向。在当下市场语境中，快综更多是指游戏类竞技性真人秀，其强情节、快节奏、叙事线清晰、竞技属性凸显的特质，极大地满足了受众对戏剧性的收视需求。

可以说，这种强戏剧性的内容，能够更加直接地调动受众收视热情，而节目自带的竞技性与对抗性，则可以激发受众的紧张感和游戏精神。因此，快综天然具有全龄和广谱的潜在收视群，能够与最大可能的受众建立共情，这是其能够成为爆款孵化器的底层逻辑。

作为国内头部长视频平台，湖南卫视一直在综艺各条赛道上保持领先地位。通过《向往的生活》《亲爱的客栈》《中餐厅》《我家那小子》等节目，湖南卫视在慢综领域已经建立起竞争"护城河"，领先优势很难撼动。而合家欢式的快综节目，湖南卫视自然也不会缺席，《元气满满的哥哥》的制播就表明湖南卫视不仅意在吸引年轻世代，更希望借助高度通约的合家欢内容，最大程度地为跨代际、跨圈层、跨次元的受众提供高品质文娱体验。

从制作角度而言，如果说慢综是对日常的回归，快综则可被视为对日常的超越。其不再满足于对简单生活的记录和抓取，而是对琐屑日常进行提纯，在一种假定的时空及线性逻辑递进中，为观众建构别开生面的戏剧性观感，制作者的"在场感"会更凸显，因而快综相比于慢综的可控性更强，完成度更高。从《元气满满的哥哥》的制作来看，节目整体主题设定与每期主题设定层次分明，单期结构整饬紧凑，不同游戏环节之间衔接流畅，丝毫没有"废戏"的体验。

2. 打造新电视物种，《元气满满的哥哥》的创新方法论

《元气满满的哥哥》从多个层面完成了对快综的重塑。操盘《元气满满的哥哥》的团队为陈歆宇团队与安德胜团队。陈歆宇团队在真人秀节目制作方面积淀颇深，曾先后打造了《花儿与少年》《亲爱的客栈》《我家那小子》等国内真人秀的经典作品；安德胜团队曾制作过《百变大咖秀》《全员加速中》《幻乐之城》等王牌节目，以游戏类节目见长。两个团队优势互补、资源协同，构成了《元气满满的哥哥》创新的基底。

从形态构成上看，《元气满满的哥哥》既不同于传统棚内游戏综艺，也不同于户外竞技真人秀，而是首度将户外竞技与实时观察进行糅合。观察室不再是与游戏无关的"人肉弹幕"，而是与户外时空互动的重要一环。如第二期"神笔马良"环节，元气对战室就与户外联动作战，这不仅是经典综艺元素的有机重组，更是快综与慢综两种制作理念的耦合。

游戏设计上，节目有效地平衡了复古与流行的关系，既囊括了怀旧向的经典游戏，如拍洋画、弹弹珠、滚铁环等，也融入了不少青春向的新潮游戏，如蹦极、跳伞等。更重要的是，制作者对不少传统游戏进行重新激活，以更符合新世代审美的方式演绎。如节目的保留环节就是经典游戏"捉迷藏"，但制作者对游戏场景、演员妆容、任务设定进行了全面改造。此外节目还强化"在地性"，在游戏中融入当地人文元素，不同城市的文化符号巧妙地呈现在游戏中。

在嘉宾构成上，《元气满满的哥哥》中"代际沟通"的全新视角，建构了代际的对抗与对话，颇具社会的镜像观照价值。节目邀请的十位常驻嘉宾，年龄跨度达到30年，极大地覆盖了不同年龄层的收视群体。"元气大哥队"与"元气小哥队"的比拼，也将"代际鸿沟"以游戏化的方式进行了展示，具趣味性与观赏性。

3. 从快感生产到意义生产，湖南卫视快综的价值底色

传统上，快综在综艺内容谱系中似乎更侧重快感生产，在令人血脉偾张、肾上腺素飙升的紧张对抗中输送娱乐体验。快综也应呈现正向价

值,《元气满满的哥哥》就典型地体现了快综从快感生产向意义生产的演进。

节目中,"代际沟通"的设定不仅是出于制造戏剧冲突的考量,更是出于对跨代际对话的思考。通过不同年代的人的思维方式、行事策略、趣味偏好的差异,在不同年龄层中引发共鸣与情绪共振。特定年代的游戏有效地串起观众的童年回忆,让《元气满满的哥哥》达到了韩国经典怀旧电视剧"请回答"系列的情感品质。尽管年龄有差异,"元气大哥"与"元气小哥"们在竞技游戏中都很好地体现出坚忍、拼搏、向上的精神,以及对世界始终保持新奇感与努力的姿态,对于观众形成较为正向的价值引导。

与此同时,《元气满满的哥哥》在游戏设定中也注重传统文化和家国情怀的有机融入。如节目中多次出现的"猜诗词"游戏,当屏幕上出现"春江水暖鸭先知""李白乘舟将欲行"等古诗佳句时,嘉宾进行表演和竞猜,为古典文化与流行表达找到了很好的接口。再如,在长沙工业园中,节目组将中联重工生产的起重机械改造成巨型弹弓,饶有趣味地将民族工业、"中国制造"视觉化地生动展示,也契合了展现与激发家国情怀的传播诉求。整体而言,《元气满满的哥哥》以较为鲜明的异质风格,在综艺内容市场中确立了独特的坐标。

二、益智类综艺节目

益智类综艺节目是参与者为获得某种物质或精神奖励,在一定规则下参加体现益智功能的智力竞赛的综艺节目,其特征在于集竞技性、知识性、娱乐性于一体。相较于游戏类综艺节目,该类节目更加突出竞赛规则的制定、竞争环节的层层推进以及竞技内容的教育价值,将竞争的悬念与智力比拼相结合,实现"寓教于乐"的功能。

（一）形态分类与历史源流

益智类综艺节目由游戏类综艺节目延伸演变而来，以智力竞赛作为游戏主体并强调益智功能，有三种分类方法：一是根据题目领域的差异可分为综合型与专业型，综合型考查内容较为宽泛，专业型聚焦某一方面；二是根据赛制规则的不同可分为多人竞赛和一人挑战，多人竞赛即多人依照若干环节竞赛，遴选出一位获胜者，一人挑战即一人以冲关形式完成竞赛；三是根据参与者的年龄可分为幼儿类、中小学类、大学类、综合类等，其中综合类是目前最常见的类型，其余类型在教育电视台及相关频道出现较多。

益智类综艺节目最早兴起于美国的广播电台，1936 年开播的《吉姆叔叔的问题蜜蜂》（*Uncle Jim's Question Bee*）是首个获得全国性声誉的广播益智节目。1946 年杜蒙电视网播出的《拿走现金》（*Cash and Carry*）开启了美国电视益智类综艺节目常规播出的先河，该节目将场景设置在杂货店里，采用一问一答的形式。

我国益智类综艺节目的前身是 20 世纪 80 年代起电视台所举办的知识竞赛，例如中央电视台《北京市中学生智力竞赛》《国防知识竞赛》《全国民族知识大奖赛》、北京电视台《家庭百秒知识竞答》等。1994 年，上海电视台第八频道开播《智力大冲浪》，该节目以竞猜益智为核心，成为我国真正意义上的首档益智类综艺节目。① 1998 年，央视引进英国广播公司（BBC）*GO BINGO* 模式并将其本土化为《幸运 52》，弱化原有博彩元素，放大普通民众的参与度，以"幸运抢答""猜价格""猜词语"等环节融合知识竞赛和游戏挑战的特点。2000 年，央视仿制美国广播公司（ABC）《百万富翁》（*Who Wants to Be a Millionaire*）节目推出《开心辞典》，以"家庭梦想"概念替代博彩竞赛机制，与《幸运 52》一同成为央视收视率名列前茅的品牌节目。

2007 年，电视节目制作机构根据国家广播电视总局"限娱令"的要求进行节目整合与转型，益智类综艺节目也结合境外成熟模式进行升级更新。《幸运 52》改版套用美国福克斯电视网（FOX）《你比五年级生聪明吗？》（*Are You

---

① 孙宝国：《中国电视娱乐节目形态学》，新华出版社，2009：128。

Smarter than a 5th Grader?）。除广东电视台《五年级插班生》获得海外授权外，深圳卫视《谁比谁聪明》、陕西卫视《不考不知道》等与新版《幸运52》的参考模板大同小异。

其后，我国益智类综艺节目进入了海外模式大量引进的阶段。2008年，湖南卫视引进荷兰《以一敌百》（1 vs 100）节目模式；2009年，四川卫视购买荷兰节目模式推出爱国主题、明星互动类综艺节目《我爱我的祖国》；2011年，深圳卫视引进比利时《时代秀》（Generation Show）及印度 Who Is Asking 模式，推出明星代际互动节目《年代秀》；2015年，芒果TV原版引进《百万秒问答》（The Million Second Quiz）开展国庆假期7天24小时的不间断直播……

2013年以后，我国综艺节目走向泛文化的发展阶段，益智类综艺节目以独特的竞答形式融入文化题材节目当中。央视《中国诗词大会》《中国地名大会》等参考《以一敌百》的竞答模式，东方卫视《诗书中华》、浙江卫视《向上吧！诗词》分别采用《开心辞典》及"闯关打怪"模式，将文化经典及其内涵作为益智考察的内容。

（二）类型特点与创作策略

益智类综艺节目在游戏类综艺节目注重参与感、娱乐性的基础上将教育价值融入其中，并在赛制和传播的独特设计、表达形式的升级更新、精神吸引力的持续增强、主持人与品牌的优化塑造等方面不断着力。具体类型特点和创作策略如下。

节目优化赛制和传播，以激发竞争与互动的活力。益智类综艺节目融合游戏和竞技元素，并通过比赛规则和赛程设计，增强参赛者的竞争动力和强化悬念感。例如"我问你答"的传统模板被加入场外援助、场内帮助等多样求助方式，实现渐进式创新，"一人一挑战"的小规模竞答升级为"以一敌百"，做出颠覆性创造，通过活化赛制的方式容纳"一题定胜负"的风险可能性，以赛果的不确定性增强观赏性。此外，重视传播渠道和手段，以云上选手参与演播现场的连线答题、在客户端或微信小程序进行观众同步答题和竞猜等，增强受众的互动参与感与收视沉浸感，借助网络技术将荧屏内外的参与者关联起来。

节目结合技术手段，多样态地传达知识内容。益智类综艺节目的内核是对知识性内容考查的过程化呈现，题目及答案的展现形式是增强视听艺术性的着力点。较早的知识竞赛节目以单纯的问答为主体，采用"提问＋选择＋公布答案＋简单解释"的模式，趋向同质化，无法实现视听效果的创新创优。当技术迭代带来视听媒介呈现的转型升级，5G万物互联所富有的超低延时、高可靠性和支持海量连接的特质，使得节目可以提供与题目相关的实景实地与实时出题或解答的机会，增强现实（AR）、虚拟现实（VR）、混合现实（MR）等技术突破演播场景的时空局限，使知识传达从抽象的语言表达转变为具象的视听景观，实景结合冰屏、大屏，形成环境氛围，引导观众感受知识、体验知识。

节目的博彩元素转变为精神奖励，吸引参赛者。益智类综艺节目的益智带有"寓教于乐"的价值理想，博彩元素则是该类节目在境外市场环境中经久不衰的重要驱动因素。我国电视媒体坚持把好价值导向的要求，将境外模式中原有的博彩元素转变为公益服务或传统文化的诉求，激发了社会大众、名人群体参与此类综艺节目的热忱。随着中国特色社会主义进入新时代、脱贫攻坚战取得全面胜利，文化体验、精神消费、知识经济等已然成为受众关注的新焦点，观众关注并愿意参加益智类综艺节目的原因，是提高自身文化品位、知识修养的需求。新时代益智类综艺节目抓住知识付费、文化阶层认同、网红经济等风潮，优化参与对象的范围，满足参赛者的核心诉求，能够从源头遴选集知识水平、表达能力、进取意识于一体的参与者。

节目重视主持人品牌塑造。如王小丫在选手选定答案后通常会反问："确定吗？不改了？"以制造悬念的方式奠定了《开心辞典》的收视基础。董卿优雅知性的个人形象结合出口成章的诗词底蕴，为《中国诗词大会》实现了价值升华。李好、郭晓敏的夫妻档合作，增强了江苏卫视《一站到底》的观赏性……优质的益智类综艺节目都有独具风格且学识、素养出众的主持人，他们作为出题者与主考官时，注重展现在考察题目领域的丰富阅历和独到见解，与选手交流互动时，通过亲和力和幽默感来拉近与选手及观众的距离。总体而言，给观众留下深刻印象的主持人基本都能以自身特点助力节目品牌，增强受众黏性。

> **案例解读**
>
> ## 《国学小名士》
>
> 作为一档地方卫视节目，《国学小名士》的气场丝毫不输央视节目。《国学小名士》的最大特色在于青春化国学，这也是其对标央视的自信所在。节目中，梁启超的《少年中国说》被反复吟咏，而该文恰恰体现了主创对节目差异化的重视：呈现中国少年对国学文脉的接续。
>
> 在《国学小名士》中，观众见识了众多通晓国学的中国少年。如16岁就担任汉字听写大会出题官的龚裕阳，他在节目中的表现可圈可点，成为唯一守住首发七星宝座的选手。"最牛跳级生"阙立言，三级连跳，初中毕业就考上西安交通大学少年班，国学知识异常丰富，博闻强记，熟稔先秦诸子思想、魏晋赋、唐诗宋词。此外还有13岁背诵诗词2000首的国学神童叶飞、会计系的"中医少女"刘玉婷等。
>
> 尽管《国学小名士》从节目观赏性角度考虑加入了竞赛元素，但事实上，这档节目没有特别强烈的胜负观，其重心并非考察青少年国学知识的多寡，也不是为了在国学界炒作出"快男超女"式的明星，而是意在让中国少年感受中国古典文化的律动和深远意境。例如"最强飞花令"中的两位姑娘，分别是来自山东省滕州市第一中学的高晗，和来自黑龙江省哈尔滨市第163中学的贺莉然，她们的人淡如菊、典雅知性诠释了古典才女的腹有诗书气自华，唤醒了很多人内心深处的诗意和情怀，展现出国学之美的强大感染力。在某期节目中，白族少年杨名扬与音乐才女贾文晗在"觅迹寻踪"环节的对垒让人印象深刻，贾文晗占足优势，但杨名扬却不输气场，经过三比三持平的胶着状态后，贾文晗以略胜一筹的优势抢到了答题权险胜。尽管输了比赛，杨名扬却很有感触地说道："欲先学之，必先悍之，输了就输了，我们学国学，不是为展示而学国学，是要为丰富自己精神内涵而学国学。"
>
> 《国学小名士》在节目模式的设置上，非常重视对选手综合素质的考查，它既有"百里挑一"的层层筛选，又有"九攻九距"的短兵相接，考题的布局涉及诗歌、小说、典籍、历史、哲学、天文、山水、建

扫码看

筑、生活等九个方面的国学知识。在此情况下，往往只有综合素质出色、对国学真正融会贯通的选手才能脱颖而出。

除了主题立意上的不落窠臼，《国学小名士》的舆论势能之所以能比肩央视节目，还得益于节目制作的每个环节都力求创新，不留短板。设计独特的模式是节目研发中攻克的第一道难题。在同类节目日渐陷入红海厮杀的时候，建立自身鲜明标识并非易事。《国学小名士》主创从七星、司南等文化符号和墨家的攻拒、名士的定义中找到了模式的落脚点和突破口，最终形成了"百人答题，内部循环""多轮换血，擂台PK""国学素养，创意考核"等兼具形式美感和文化意涵的节目形态。尤其是"以一敌百"的"击败体"内循环机制，使得《国学小名士》回避了其他赛制中一对一的单线程PK，赛制更具视觉冲突感和悬念感。

此外，制作层面也体现了文化节目的应有质感。《国学小名士》节目的灯光、舞美是在国外舞美顾问和国内顶尖团队的共同合作下，经过三个月的准备与搭建才最终完成。舞台的设计方面，嘉宾席、点将台、七星阵互成三角，周围环绕着百人席座，极大拓展了视觉空间。光效的布控十分惊艳，深蓝、浅蓝、深紫层次分明，宛如浩瀚星空，与《国学小名士》的人文气质相得益彰。

三、真人秀

真人秀节目是参与者在人造情境中为实现某种目的或完成某项任务而依照特定规则行动，经由纪录语态的真实记录和艺术加工所形成的一种综艺节目。该类节目也被称为"真实电视"（Reality TV）。"真人秀"一名可能来源于1998年上映的美国影片《楚门的世界》（*True Men Show*）的直译。

(一) 形态分类与历史源流

真人秀是一种戏剧性和纪实性相结合的节目样式，通常将参与者置于特定环境下，通过镜头来记录其真实的生活状态和个性特征。其类型划分可从不同角度进行。一是从拍摄场景分。室外真人秀一般用于展现大规模范围内的人物行动，以跟拍的方式还原参与者在相对特殊环境内的表现，节目通常带有突发性和意外性；室内真人秀则因空间狭小而常趋向于以规则驱动来引出人物间的互动交流，以固定多机位不间断拍摄满足观众的好奇心。二是从内容题材分，包括才艺展示型、户外挑战型、生活状态型，其中才艺展示型包括素人选秀、名人竞演等，户外挑战型包括益智闯关、游戏比赛、极限冒险等，生活状态型包括技艺展示、情景体验、代际情感等。[1] 当前在中国综艺荧屏上，才艺类真人秀（才艺展示型）、剧情类真人秀（户外挑战型）、观察类真人秀（生活状态型）成为市场认可、大众关注、学界瞩目的重要细分类型。

美国在1948年拍摄的真人生活类电视节目《坦白的镜头》（*Candid Camera*）被认为是真人秀节目的雏形，其后《美国家庭滑稽录像》《这是你的生活》等节目也蕴含了真人秀的特征。1973年，美国公共广播公司的《一个美国家庭》（*An American Family*）跟踪拍摄一家人的经历，成为最早的真正意义上的真人秀。

1999年9月，荷兰恩德莫尔（Endemol）电视制作公司仿照美国有线电视台《真实世界》（*The Real World*）节目推出《老大哥》（*Big Brother*），将镜头对准普通人的生活隐私，满足了观众的偷窥欲望，节目模式迅速被全球18个国家与地区的电视机构本土化引进。2000年5月，美国哥伦比亚广播公司推出《幸存者》（*Survivor*），成为户外真人秀的经典作品，参与者集中在密闭的自然环境中竞争巨额奖励。2004年，迪士尼公司出品《极速前进》（*The Amazing Race*）、美国全国广播公司（NBC）推出《学徒》（*The Apprentice*）等，均以竞技真人秀的形式与社会生活紧密结合。在世界"真人秀"潮流的带动下，我国自2002年起出现了一批栏目化的真人秀节目，如以广东电视台《生存大挑战》、四川电视台《走入香格里拉》、中央电视台《金苹果》为代表的户外

---

[1] 游洁：《电视媒体策划新论》，中国国际广播出版社，2009：373-374。

挑战节目，湖南经济电视台《完美假期》、中央电视台《赢在中国》也仿照海外模式进行了节目创制。

2002年2月，英国独立电视台（ITV）首播《流行偶像》（*Pop Idol*），后被美国福克斯电视网（FOX）引进版权，推出《美国偶像》（*American Idol*），引起了全球范围内才艺选秀类节目的蓬勃兴起。2003年11月，央视经济频道推出《非常6+1》，帮助有才艺特长的普通人实现艺术梦想，成为才艺选秀类电视真人秀的开端。2005年，湖南卫视《超级女声》将"海选""PK""选秀""草根"等词语引入大众视野，助推了才艺类真人秀的快速发展。其后央视《梦想中国》、东方卫视《我型我秀》《加油！好男儿》、北京卫视《红楼梦中人》、江苏卫视《绝对唱响》等节目迅速涌现。但后期一些节目的乱象招致管理机关出台"限令"，上星频道中群众参与的选拔类活动及节目逐渐偃旗息鼓。2010年，东方卫视引进英国独立电视台（ITV）《英国达人秀》（*Britain's Got Talent*）模式再次掀起草根选秀的热潮，但火爆程度有限。直到网络综艺节目兴起，爱奇艺《偶像练习生》《青春有你》、腾讯《创造101》《明日之子》等时隔多年重新唤起了才艺类真人秀的选秀浪潮，但也因易引发流量至上、畸形审美、"饭圈"等乱象而受到文娱领域综合治理的严格管控和限制。

以明星艺人为主要参与者的才艺类真人秀伴随着海外节目模式的引入而长期占据荧屏，例如湖南卫视自2007年起陆续引入英国广播公司的《名声大震》（*Just the Two of Us*）与《舞动奇迹》（*Strictly Come Dancing*）、韩国文化广播公司（MBC）《我是歌手》节目模式，引起业界的关注与模仿。其后，《跨界歌王》《蒙面歌王》《欢乐喜剧人》《跨界喜剧王》《声临其境》等节目拓展了明星才艺展示真人秀的表现范畴。

2013年以来，我国真人秀节目从室内的才艺展示类转向户外挑战类发展，借鉴模仿与引进合作的对象由欧美国家转向了近邻日韩。湖南卫视引入韩国文化广播公司《爸爸！我们去哪儿？》节目模式，成功制作《爸爸去哪儿》，并带动浙江卫视《爸爸回来了》《人生第一次》及芒果TV《妈妈是超人》等亲子类节目的制作。浙江卫视联合首尔放送株式会社（SBS）制作《奔跑吧兄弟》中国版，东方卫视借鉴韩国文化广播公司《无限挑战》节目播出《极限挑战》，湖南卫视引入日本富士电视台模式推出《全员加速中》，带动了户外挑战类节目的创作热潮。湖南卫视《花儿与少年》、东方卫视《花样姐姐》《花样爷爷》等节目或仿照或引进韩国模式，开创户外旅游类节目的制作潮流。

2017年以来，关注人群日常生活状态的节目成为真人秀的新类型，我国电视节目制作机构借鉴韩国模式，创作围绕代际情感、生活状态、职场体验等题材展开的综艺作品。一类是"参与者体验＋观众观察"模式的"慢综艺"，以央视《你好生活》、湖南卫视《亲爱的客栈》、腾讯视频《幸福三重奏》为代表，另一类是采用演播室观察模式的"观察类综艺"，结合题材与主题激发观众的情感共鸣，通过参与者或观察者的表达，引导纪实内容的话题走向，代表作品包括湖南卫视《我家那闺女》《我家那小子》、江苏卫视《我们恋爱吧》《闪闪发光的你》、芒果TV《女儿们的恋爱》《妻子的浪漫旅行》《再见爱人》、爱奇艺《做家务的男人》、腾讯视频《心动的信号》《我和我的经纪人》《令人心动的offer》等。

（二）才艺类真人秀

才艺类真人秀是将文艺样式展演与真人秀模式相结合的综艺节目，通常以季播竞赛为主要特征，可涵盖音乐、舞蹈、戏剧、影视等独立艺术领域及偶像养成、草根选秀等综合形态。既可按照所反映的文艺领域，也可按照参与者的身份进行内部分类，如：以湖南卫视《我是歌手》、浙江卫视《演员请就位》为代表的"明星艺人秀"，以东方卫视《中国达人秀》、优酷《这！就是街舞》为代表的"草根达人秀"，以湖南卫视《超级女声》、爱奇艺《青春有你》为代表的"偶像养成秀"等。

该类节目相较于传统意义上的综艺节目，在保留了艺术样式展演的同时，突出了戏剧性，即展现竞赛过程中的典型环境、人物形象及各层面冲突竞争的悬念与揭晓，其创作特点及策略如下：

节目作为媒介事件，趋向相对稳定的叙事结构。才艺类真人秀作为季播化、大规模、多投入的综艺节目，已然达到美国传播学家丹尼尔·戴扬、伊莱休·卡茨对媒介事件的界定标准，具有"竞赛""征服"和"加冕"等素材模式。同时，其常规叙事模式吻合好莱坞"英雄的历程"主流故事模型。因而该类节目叙事策略的关键在于"制造英雄"：首先，通过参与者的采访纪实告知人物前史，为后续观众见证英雄历程提供"日常世界"原本状态的参照；其次，创作者以节目的核心理念作为"导师"元素激励选手参与"冒险的感召"并"跨越第一道门槛";再次,参与者将迎来节目先后多轮"严峻的考验",并通过"盟友"(嘉宾)的帮助与"敌人"(竞争对手)进行对抗;最后,"征服"对手并完成"浴火重生"的最终挑战(总决赛),在获胜后迎来英雄荣誉的成功"加冕",并"凯旋"回到"日常世界"(见图 2-1)。

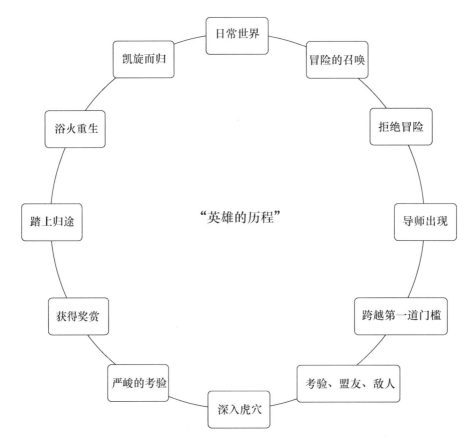

图 2-1 好莱坞主流故事模型"英雄的历程"

节目作为赛季节目,具有冲突竞争的戏剧性。戏剧性是指在假定性的情境中展开直观的动作,情境能产生悬念、导致冲突,悬念则吸引、诱导着观众。[①] 才艺类真人秀一般采用持续性的赛制实现特定竞演内容的呈现,并在专业性与大众性的平衡、评定者与参与者的关系、观众与节目的互动等方面不断开掘戏剧性因素,因而节目需要通过赛制的设计将悬念贯穿全过程,并通过展现参与者间的矛盾冲突抓住观众的注意力。赛制设计需要重视以下方面:一是体现竞

---

① 谭霈生:《论戏剧性》,北京大学出版社,1981:319。

赛过程的公平性，为观众建立起想象性满足的替代竞争场域，以引导观众在参与者身上建立期待；二是强调评判标准的个性化，为评定者与参与者、评定者与观众之间的精神冲突奠定基础，以激发观众对节目内容的跟进讨论；三是凸显淘汰机制的创新性，为竞赛结果的呈现注入不可预料的意外性和情理之中的合理性，使观众难以提前猜测，从而形成看点。

节目作为竞技节目，具有平民化的叙事方式。才艺类真人秀通常分为舞台演出与日常纪实两个部分：前者主要延续传统意义上的综艺节目所展现的艺术样式，这是节目的核心内容；后者则是其作为真人秀的关键体现，主要依靠"后台前台化"的日常记录，展现参与者在紧张压力面前的真实心态及行为表现，使舞台上的参与者呈现为与观众一样的普通人。因此，该类节目一般采用平民化视角展开竞赛内容的叙事，表现为"草根海选"的低门槛参与，或"明星艺人秀"的"脱冕化"视角，以此展现参与者作为个体面对竞争压力时的本真状态，使观众对节目建立情感认同，而将功成名就的明星艺人放置于特定环境中，也可能激发其展现出与以往大相径庭的荧屏形象。

扫码看

案例解读
《明日之子》第三季

命名为"水晶时代"的第三季《明日之子》，主打女生季，将此前的盛世魔音、盛世美颜、盛世独秀三大赛道升级为Start、Restart两大新赛道，在孙燕姿、华晨宇、宋丹丹、龙丹妮、毛不易、孟美岐六位星推官的带领下，发掘未来的音乐榜样。相比同类节目，该季《明日之子》的鲜明特点在于凸显教育属性，完成了从新秀选拔到榜样孵化的理念进阶，而节目包容开放的姿态，也推动着新时代歌者从音乐榜样"被定义"到"自定义"的转变。

1. 从偶像选拔到榜样孵化：音乐综艺的新可能

如果从2004年《超级女声》算起，中国音乐选拔类节目至此已经走过了15个年头。在这段历史区间里，同类节目风起云涌，大量新秀渐次出道，极大地丰富了中国音乐人才市场。时移世易，随着新时代大众内容消费偏好的重构，始自"超女"的女性歌手选拔节目也经历着内在变化。作为互联网原住民的Z世代少女，普遍成长于衣食无忧、表达自由、天性解放的环境中，借助网络平台，她们逐步培养出良好的音乐审美能力、独立思辨能力和强烈的表达欲，传统侧重偶像选拔的舞台，越发难以满足她们solo（独唱）表达的诉求。

而就音乐产业层面来说，近些年主打女生solo的音乐舞台相对稀缺，使得具有榜样力量的女性solo歌手出现了一定程度的断层。音乐综艺如何顺应这种潮流变迁，完成迭代升级，各个平台都在思考和尝试，而《明日之子》孵化音乐榜样的探索，则为行业提供了一种新可能。

如何寻找明日音乐榜样，存在很多技术探讨的空间，其首要前提就是平台与节目应以发掘新人、教育新人为己任，同时在机制上给予相应保障，让新苗在充分的雨露阳光中成长，从而真正成为行业中具有生命力的新势力，这些就是《明日之子》第三季的底层逻辑。

2. 从重竞技到重教育：音乐榜样的孵化路径

从孵化未来音乐榜样这一价值坐标出发，第三季《明日之子》在赛制上进行了动态调整，推动节目从竞技型赛制向教育型赛制迭代，试图为观众带来别开生面的体验。

传统新秀选拔的竞技型赛制，通过紧张残酷的赛制设计，层层筛选歌手，比赛本身就是目的。这类节目并不会给选手提供过多指导和帮助，选手能否最终脱颖而出，很大程度上取决于经验和起点的高低。这种赛制固然也可以选出不错的歌者，但也容易将那些虽有天分却未经系统训练的人拒之门外。倡导孵化音乐榜样的《明日之子》，则从竞技型赛制转变为教育型赛制。这种赛制更像是一个大型的声乐教育班，节目海选出的选手，被置入这个训练体系中，无论是音乐小白还是成熟歌手，都会在其中得到一视同仁的培训。这种教育型赛制尽管也有竞技成分，但比赛已不是最重要目的，而仅是一种"以赛代练"的手段。

为了能孵化出真正的音乐榜样，《明日之子》节目组调动优质的声乐教育资源，让这种教育型赛制不流于形式。除六位星推官的超强阵容，节目组还邀请了明星声乐指导UKU（彭海桐）担任节目声乐总监，JC艺人学院艺人导师Cici（陈斯媚）担任舞蹈总监，以及多位声乐指导、舞蹈指导。六位星推官和指导老师亲自为选手授课,全程跟踪辅导,这种导师对选手一对一、手把手指导的内容,已然构成了节目主体。如在 72 小时集中训练后,为了更好地备战第一次声乐小考,华晨宇给近乎零基础的 Start 赛道的"小白"们讲解音乐常识,教她们学乐理、辨音域、练发声;针对 Restart 赛道的选手普遍技巧至上的问题,孙燕姿借助《我不难过》歌词,逐字逐句地向选手传授情感表达的方式,对于努力的选手,她从不吝啬自己的赞美。

这种孵化型赛制让星推官与选手形成了良好的陪伴关系,星推官们在节目中给选手的是春风化雨般的鼓励、引导和建议,对选手的个性给予充分尊重,而非打压和约束。选手也在导师的帮助下,一步步获得技能提升。如商演歌手出身的苏北北,最初因胜负欲过强而屡屡折戟,星推官们对她多次进行循循善诱的引导与针对性训练,帮助她找到情感表达的窍门。几经磨砺,苏北北日渐成熟稳重,第六期中,她演唱的 *No Fear In My Heart*,情感与技巧水乳交融,一曲终了,星推官们已是泪流满面。

《明日之子》也为选手建立了较为全面的声乐教育计划,从声乐小考到声乐大考再到舞台表现力考核,每一个环节前后,节目组都会为她们开选歌会、进行考前指导和大考公测等,利用系统化的教育型赛制为她们保驾护航。如果将传统竞技型赛制比作结果导向的"应试教育",《明日之子》推崇的则更像是关注过程和积累的"素质教育",节目在保护选手天分的基础上,给选手的成长提供了颇具安全感的土壤。在众多优秀音乐人的合力加持与呵护下,选手得到了真正意义上的"孵化"。

3. 从被定义到自定义:音乐榜样的精神底色

不知从何时起,标签化成为这个时代最便捷却也较粗暴的方式,不同的人或物都被贴上了大大小小的标签,而对于何为榜样,大众似乎也在给出产品参数般的定义。《明日之子》在孵化榜样的过程中,带来了从"被定义"到"自定义"的转变。传统"被定义"的榜样时代,个体热衷于从外在寻找参照系,按照大众的期待对行为进行调整,进而取悦大众审美。

《明日之子》中推崇"自定义"的榜样,呈现出"向外寻找力量,向内塑造榜样"的变化。节目中的新青年们寻找外界激发、提升学习的力量，但不被单一"榜样"的定义所束缚，进而向内自省、进阶、挑战，自己成为自我的榜样。如同鲁迅所说："不必等候炬火。此后如竟没有炬火，我便是唯一的光。"

参差多态乃是幸福的本源。在这种"自定义"的榜样确立中，选手们张扬出新时代应有的成长态度，不从众、不流俗，找到了自己的进化节奏，而这些"自定义"的独一无二的个体，又以和而不同的面貌构筑起新一代青年的群像图。

如节目中的洪一诺，有着超越年龄的沉静之气，她以复古风格还原经典歌曲，每次都能直击人心。对于她的演唱，尽管外界不时质疑其缺少变化，但洪一诺并没有被舆论支配而改变自我风格。更像是"透明体"的张钰琪，节目中更多呈现的是她躲在角落默默练唱的身影，对别人和自己的排名，她都不关心。在第六期节目中，张钰琪准备选择自己的原创歌曲《回答》参加大考，因担心舞台氛围，星推官与声乐老师都给她提出了调整编曲的建议，但她始终坚持"既然是原创，就是要表达自己的想法"。星推官选择尊重她的想法，最终张钰琪收获了不俗的舞台表现。再如在第六期节目的舞台上，合唱组四人演唱结束后的自我介绍环节，就以自嘲的方式调侃了外界给予她们的标签，如"风格单一"洪一诺、"声音刺耳"周子琰、"自作高冷"李海珊、"无人问津"黄星侨，她们的这份轻松自黑恰恰体现出无惧质疑、坚持自我的姿态。

与此同时，"自定义"式的榜样，也使得选手们成为自我的"对手"，打破自己、重建自己成为她们的内驱力。如对 Restart 中的成名歌手 By2 来说，如何在节目中完成自我清零，走出舒适区，成为她们的主要诉求。而随着节目的推进，观众也见证了这对舞台姐妹的蜕变。第六期节目中她们再次走出安全区，挑战原创 Rap，令人耳目一新，正如星推官华晨宇对她们的介绍——"2019 年成立的一个全新组合"。

在榜样的"被定义"到"自定义"的转变过程中，《明日之子》给选手们充分的信任和保护，使她们得以快速成长，而节目所孵化出的这些榜样，也承载着众多年轻人的身份想象和自我投射，这对屏幕前的青年群体来说，颇具正向的鼓舞价值。

(三) 剧情类真人秀

剧情类真人秀又称"剧情式综艺",但其并不仅是综艺的剧情化,而是真实人物在虚拟剧情中承担叙事功能,以自身性格特点对剧情产生反应行为,从而完成相关任务,在虚拟的背景下展现真实的社会现实。① 该类节目可分为两类:一类以东方卫视《极限挑战》、浙江卫视《奔跑吧》《24 小时》为代表,每期节目设计具象化的主题情境,并在此基础上开展多种元素的任务挑战,来完成当期剧情导向的目标,突出环境中人的游戏化行为的纪实呈现;另一类以湖南卫视《全员加速中》、芒果 TV《明星大侦探》为代表,节目将剧情作为核心看点与参与者行动的关键动力,构建过去、现在、未来的不同时空,大量的表演成分与明星行为的强调,使节目以游戏任务为重点。

该类节目同影视剧的策划与制作存在共性,尤其体现在依靠角色塑造、情境设计、情感价值等方面完成叙事行为。具体创作策略如下:

生活在特定情境中的人物是推动叙事发展的关键,嘉宾所担任的角色是规定剧情的表现者、剧情走向的创造者,因而节目是通过抓住角色定位、相互关系与反差效果进行塑造编创。一是确定明确的角色性格。节目通过嘉宾日常个性与行为举止找到相应的标签,在制作中将人物性格放大与固定化处理,依靠嘉宾的个性特征形成与观众的互动,引发共鸣代入,吸引观众兴趣。二是建构鲜明的人物关系。节目以细节来定位角色与强化人物关系,为情节走向与事件发展提供预测视角,同时通过满足期待视野形成的典型事件,再次反向强化人物关系。三是展现反差的人物形象。节目依照嘉宾的固有标签、性格形象与效果反差来分配角色,以引导的方式引发娱乐效果。

剧情设计从游戏的杂糅转向强化剧情本身的特质。一是强调去游戏化、去明星化的编创思路。节目以游戏作为辅助内容,将重点引导至对剧情本身的呈现,鼓励参与者突破以往游戏环节的局限,以"贴近观众"为指导思想,走到广阔的户外空间,进行开放性的"社会实验"。二是要求娱乐本位与叙事功能

---

① 徐驰:《剧情式综艺的编创思维探析——以〈极限挑战〉第二季为例》,《西部广播电视》,2016 (19):115。

的巧妙结合。节目跳出游戏集锦的窠臼，鼓励嘉宾们在相对合理的剧情中展现真实性格与行为抉择。节目需要通过剧情角色的主题性行为，结合带有娱乐性的泛游戏类任务建构叙事线索，充分实现剧情叙事与娱乐需求的结合，以任务结构为核心事件引领剧情，游戏环节催生事件、丰富故事。

剧情所反映的核心价值成为实现节目制作"有意义"与"有意思"结合的重要依托。节目的制作既要符合社会主义核心价值观，又要与播出平台的风格气息、受众特征相契合，同时更加强调通过剧情叙事增强观众的收视代入感并传递积极的正能量。① 节目不能仅作为娱乐化的载体娱乐观众，也必须成为反映社会现象的"一面镜子"，将娱乐性的节目话题引向深刻的社会现象，推动社会大众共同关注深层的核心价值。剧情类真人秀在以娱乐话题导向社会现实的基础上，不断融入道德理念与人文关怀，以真实为基础、良善为前提，将核心价值导向情感的层面，引起社会大众的共鸣。

扫码看

> **案例解读**
>
> ### 《极限挑战》
>
> 近些年来，国内综艺市场竞争激战甚酣，在强势资本的驱动下，各种高投入、大明星、强运营的"大片式"节目喷涌，从体量上壮大了综艺市场。但从节目创作角度看，在海量的综艺内容中，真正实现节目形态、节目语法革新的却并不多见，大多数仍停留在套用既有成功模式的基础上，亦步亦趋，无心追求更进一步的创新。
>
> 《极限挑战》是近年来自成风格的综艺节目。抛开收视率、播放量、话题讨论度等数据层面的成功不谈，仅从综艺节目的表现手法、叙事技巧等层面来说，《极限挑战》就进行了很多创新和探索。
>
> **1. 不仅仅是"剧情式综艺"，更是"结构性喜剧"**
>
> 业内普遍认为，《极限挑战》最大的特色在于"剧情式综艺"，甚至该节目进行品牌宣传时，也经常使用这个界定。但在总导演严敏看来，《极限挑战》更准确的定位应该是"结构性喜剧"。在他看来，喜

---

① 刘阳：《转型是主流媒体的时代责任》，《人民日报》，2016-05-19：17。

剧大体可以分为两类，传统的喜剧叫作"闹剧"，主要靠语言和形体动作的夸张来搞笑，另一种则是"结构性喜剧"，靠的是逻辑的归谬或者逻辑的发展来展现喜剧性。

"结构性喜剧"通常采用"上帝视角"，即观众知道真相，但演员却毫不知情，笑点和包袱都是由情节推动，而不是由人物说出或演出。"举个很简单的例子，一群傻子，一本正经地在做着一个正常人看来毫无希望的事情，它就会产生喜剧性；一群聪明人，自以为是地走在一条观众看来已经'满拧'的道路上，或者说用各种自以为聪明的方式，为一个完全错误的目的钩心斗角，那么在观众看来就会产生喜剧性。"《极限挑战》编剧的很多设计思路就借鉴了这种"结构性喜剧"的创作方法。

而之所以能想到将"结构性喜剧"与真人秀寻求嫁接，一方面是因为，作为电影发烧友的严敏，对好莱坞类型片导演盖·里奇、昆汀·塔伦蒂诺非常推崇，他们的电影《两杆大烟枪》《坑蒙拐骗》《无耻混蛋》等对"结构性喜剧"所作的成功尝试，给了严敏很多启发。另一方面，这也与严敏团队对综艺节目发展走向的判断有关。在筹备《极限挑战》节目之前，严敏组织团队一起看了上百档欧美、日韩的真人秀，他们投票选出其中二三十期最受欢迎的节目，并对之进行拉片分析。通过对这些节目的归纳总结，他们发现，这些受欢迎的真人秀有一个共同的特点：它们都是有情节的。

由此，严敏对综艺节目市场的走向形成了一种认识，他认为，综艺节目的1.0时代，以棚内综艺为主，在棚内做游戏或者表演，而2.0时代，则是将棚内玩过的游戏搬到户外，形成户外的综艺，下一步，《极限挑战》如果想要升级进入3.0时代的话，则必须将情节融入户外真人秀中。"我在想，既然大家都觉得有情节的综艺会有意思，好，那我们就把情节推到极致，我把它叫作'结构'。我们要做有结构的综艺，有起承转合的综艺，有人物心态变化的综艺，有人物情感变化的综艺。"①在严敏看来，"结构性喜剧"是要帮助参与嘉宾和观众共同建立心理假

---

① 此处及下文中引语为2016年时任《极限挑战》总导演严敏接受本书主编戴硕采访时所谈观点。

定性的过程。

2. 情境、结构、游戏——"结构性喜剧"的几个向度

创作《极限挑战》这样的"结构性喜剧"是一个系统工程，需要各个环节的有机配合。其前提，是搭建一个虚拟并富有戏剧张力的情境。对于情境的营造，严敏言简意赅地总结成一句话："做戏做全套。"他以《极限挑战》之《暗战》一期与其他节目对比举例。此前，严敏曾看过有真人秀用"警匪片"的模式来设计情境，节目把嘉宾分设成警匪两方，开头渲染出严峻的局势、扣人心弦的悬念，以及警匪双方你死我活的斗争。

"你死我活的斗争是什么呢？竟然是在同一块场地上做游戏。你前面铺陈了那么多，还拍了一个小片，人从直升机上跳下来，到最后就只是在一个地方做游戏而已，这个就太 ridiculous（荒谬）了！"严敏直指，《暗战》不是这样来做的。这期节目的剧情设定是为了保护一尊电影节奖杯，奖杯"护卫队"和奖杯"追击队"展开对抗，同样呈现为"警匪"二元关系的设定。节目开始前，导演组首先选定了三个地方设置战场，分别是停车场、桥梁、大风车，导演组告诉"警方"可以在这三个地方去拿东西，但也告诉"匪方"可以在任意的地方突袭"警方"。节目完全用电影级制景和剧情，铺设情节走向。另外，导演组还在双方分别设置了"卧底"——孙红雷是潜伏在正派中的反派，黄渤是反派中的正派，重要的是他们在节目中彼此不知道对方的身份，其他成员也不知道有"卧底"的角色设定。"要完成这个设定，不是等到节目开拍才想起来他们要互相保密，在这之前的沟通工作是大量的，从跟他们沟通剧本开始，该不见的不见，该分开开会的分开开会，这些事情全部是要在前面做的。"

情境提供了建立人物关系的合理背景，结构则是推动整个剧情前进的核心。严敏透露，《极限挑战》有"剧本"，但不是观众理解的剧本。传统的剧本会规定演员怎么行动，说什么话，而《极限挑战》的剧本只是根据参与嘉宾面对一件事情可能出现的行动，提供下一步的应对方案。

"比如孙红雷，面对第一个挑战的时候，他可能会有 A 想法，也可

能有 B 想法、C 想法。他选择了不同的想法，我就要在后面准备更多的不同应对方案。如果六个人同时有不同想法，那我要准备的方案就会是一个庞大的数据结构。当然我不可能有无限庞大的数据，所以在适当的地方，我们还会设有'会合点'，编剧的专业名词叫作'桥梁'。"

尽管有应对嘉宾不同行动的备选方案，但录制中出人意料的事情还是时有发生，这也是业界常说的真人秀的"失控"。但在严敏看来，真实永远比预测精彩一点点："如果说嘉宾牛到让我们设定的所有情况都无法预测，那我觉得这一定是好的。"

《极限挑战》中设有"FPD"的角色，即跟拍导演，他们除了承担随时随地向总导演汇报现场进展的职能外，还担任"现场编剧"，即根据明星意料之外、跳脱剧本的行动，现场调整情节走向。

结构是节目的骨架，具体血肉的填充则需要一个个具体的游戏或任务。此前，国内的很多真人秀中，游戏设计得很随意，甚至如"猜拳"这样毫无技术含量的设计都会成为节目中的游戏，屡次出现。对于游戏的优劣，严敏也有一套选择标准："什么是好游戏，什么是坏游戏，我觉得世界上最坏的游戏可能就是一百米跑。奥运会的一百米跑，胜者是博尔特，毫无争议，因为只有一种取胜方式——跑得快，中间你再也不需要其他的技巧，没有任何其他的胜利途径。而这种闭合式的游戏恰恰是我们的节目最需要排除掉的，什么爬得高、跑得快、拿得多，这不是能够带到'结构性喜剧'中的好游戏。"

3. 发现、鼓励、纵容——真人秀人物形象塑造的"三步走"

《极限挑战》刚开播时，曾被观众戏称为"史上颜值最低的真人秀"。但两季下来，"极限男人帮"中的六位成员均收获了更多的粉丝和更高人气，这与他们在《极限挑战》中形成的个性化形象密不可分。"神算子""青岛贵妇""松鼠迅""三傻三精"，这些自带画面感的形象标签，甚至比他们的名字更让观众印象深刻。而这些人物形象或曰屏幕性格是如何塑造出来的，也是业内好奇的话题。

"发现、鼓励、纵容"，严敏用这三个词语总结出了《极限挑战》人物形象塑造的三个步骤。严敏认为，对人设进行前期定位往往是削足

> 适履:"这个节目需要一个大傻子,好,就找某某来演大傻子,这不是成功真人秀的做法。"在《极限挑战》中,严敏团队通常做的第一步是观察每个成员的性格,第二步是发现这个人在团队当中的最佳位置是什么,第三步则是将成员表现良好的个性点放大,换言之,"纵容"他的这个性格,并将之在节目中推向极致。
>
> 　　这一建立人设的方法论,来自韩国综艺编剧的启发。做《极限挑战》之前,严敏曾专门向韩国编剧讨教如何建立真人秀人设,韩国编剧告诉他,节目不着急建立人设,给出五集的时间来观察:"五集到六集之后,人物性格就会暴露出来,到那时候再对他们的人设作调整,作强化,就是最终人设。"

(四)观察类真人秀

　　观察类真人秀的名称就明确了观众观看此类节目的主导动机和行为状态,即通过相当一段时间的注意观察,来感知参与者的日常生活状态,以此引发情感共鸣与话题互动。

　　广义上的"观察类真人秀"包含"慢综艺",即由参与者在特定环境中担任某种角色而非靠任务引导去展开亲身体验,由此引发观看者替代性满足的互动或进一步的话题性讨论,通常可涵盖展现日常生活、人际关系的真人秀节目,例如湖南卫视《向往的生活》、腾讯视频《五十公里桃花坞》等。狭义上的"观察类真人秀"仅指设置演播室,构成双重时空的观察模式,即在参与者体验纪实的基础上,由演播室观看者先行完成观众视角的关系代入式的互动观察,再根据议题讨论,引导实现荧屏外观众的话题性切入观察。

　　此处所讨论的观察类真人秀限定于狭义范畴,该类节目当前已构成了"观察者与被观察者+观察方式+话题探讨"的创作模式,具备以下创作特点及策略。

　　节目的观察者与被观察者趋向于人物典型化的选择策略。观察类真人秀的人物间关系可归结为原生关系代入、陌生关系评价、自我成长映照三类,不同人物及其关系将会影响节目的观察视角。[①] 当前荧屏上最为常见的即是原生关系及陌生关系两类：原生关系通常经过典型塑造，可归结为血缘（代际）、姻缘（婚姻、恋爱、相亲）、业缘（职场）、趣缘（朋友）等方面，凭借人物间的情感基础帮助观众迅速代入情境、获悉生活纪实中的细节，让观察过程保持真实可信；陌生关系方面主要是借助观察者较为典型的专业背景或人物设定来为节目题材及价值引导提供服务，通常邀请某一领域的专家学者、能够掌控进程节奏的主持人、具有相关经历经验的明星嘉宾作为观察团成员，引领观众伴随他们的视角认识、判断、评价被观察者的行为。

节目的观察方式趋向于叙事多重化的呈现策略。观察类真人秀的独特之处在于设置第二演播室进行现场观察，构建出观众看被观察者、观察者看被观察者、观众看观察者的三重观察关系。第一重关系通常以故事情节为叙事脉络，对被观察者进行日常生活纪实，并遴选重要事件进行剪辑播出，尽量抓住能引起观察者注意、反思、交流的部分。第二重关系以话题引领为叙事逻辑，演播室观察团的讨论能够推进对被观察者行为的深层挖掘或合理引申，以创造性补充的方式构成了二度叙事时空。第三重关系以情感认同为叙事原则，考虑能够体现被观察者个性、行为状态及能引发社会关注共鸣的部分。部分节目会增设第三现场观察团对观察者与被观察者进行观察，结合两者间的典型关系进行讨论，实现了第一重和第三重关系的结合，但有可能导致叙事时空过多且叙事线索混乱的问题。

节目的话题探讨趋向于集体共鸣化的表达策略。观察类真人秀的本质是拉康在其精神分析学说中提及的"镜像阶段"，而视听媒介在一定程度上也如镜子一般帮助观众建立起审视自我的镜像，从他者的经历来识别、反思、认同自我。能引发大众热议的节目基本上都昭示着社会现实或是能够引发观众产生思考的相关领域，例如性别歧视与年龄歧视在婚恋交友、职场体验中的影响，独居生活和两性婚姻的状态对比与社会接受的认同差异等，观众作为社会运转中的个体，能够通过节目的话题互动感受到作为共同问题的社会压力，并部分地通过节目价值引导实现集体共鸣与焦虑纾解。该类节目的出现并非完全出于满足观众窥私的非理性需要，而往往是借由第一现场的典型人物的典型遭遇或性

[①] 郑向荣、张馨宇：《互动的"镜像"：观察式真人秀的创作特点探析》，《中国电视》，2019（07）：73-74。

格来构建第二现场的不同群体的交流场,以此帮助观众实现反观自己的重要目的。

扫码看

> **案例解读**
>
> 《幸福三重奏》
>
> 情感焦虑与婚姻恐慌似乎在这届青年中正形成普泛化趋势,越来越多年轻人开始对婚姻持保守态度,"想要触碰,却又收回手"。"懒婚""恨嫁"等词汇的走俏以及持续走低的结婚率,多少暗合了这种心态变迁。腾讯视频观察节目《幸福三重奏》展示了明星夫妻的真实家庭婚姻状态,通过柴米油盐、一蔬一饭的俗世日常和极具人情味、烟火气的朴素情感呈现,在新世代中引发了持久回响,一定程度影响了年轻人的婚姻观和幸福观。
>
> 第二季节目在承继前作精髓的基础上,更加凸显温情的基调,以现实主义精神放大"二人世界"的情感关系与社会意义,实现了从真人秀向"真情秀"的转变。可以说,《幸福三重奏2》以细水长流的"暖综"风格击中人心,温暖向、治愈系、小美好成为节目的典型特征。
>
> **1. 从真人秀到"真情秀",呈现婚姻美好一面**
>
> 婚姻向来是文艺创作的经典母题,不仅是文学作品一唱三叹的言说对象,也为真人秀输送了鲜活题材。应当承认的是,很多婚恋类节目热衷凸显婚姻关系中的冲突性与话题性,通过烈火烹油的戏剧性设置,迎合观众的窥视心理,但也有不少节目侧重真实展现婚姻的原生状态,遵循生活逻辑与情感逻辑,而非戏剧逻辑,在一蔬一饭的细碎时光中发现婚姻的美好,《幸福三重奏》就是后者的代表。
>
> 《幸福三重奏》以对"两人的烟火"的诗意捕捉及恬淡隽永的清新观感,重新唤起了大量观众对婚姻的美好想象。第二季《幸福三重奏》继续以情感为导向,突出二人世界中的"亲密关系场",侧重呈现婚姻美好的一面,向大众输送正向的婚恋观念。为此,节目首次提出了"真情秀"的概念。"真情秀"相对于传统意义上的真人秀来说,其鲜明特点就在于对生活现场最大程度的保护和还原,对流动的生活进程不粗暴

破坏，对每一种"发生"都不作预设，没有剧本、不立人设，而以三组夫妻的真实生活与真挚情感作为核心线索。也正是在"真情秀"的基本立意下，节目才得以定格了张国立与邓婕、郎朗与吉娜、陈意涵与许富翔三组夫妻本真的生活状态和真情实感。

如张国立和邓婕既有柴米油盐中的相爱相惜，又不乏拈花把酒的诗情流淌，在怀柔的40多天时间里，他们放慢了生活，在真实的慢节奏中找到生活初心。在一期节目中，张国立中午出门工作时，他一再回头对邓婕说"我走了啊"，邓婕嘴上说着"恕不远送"，但直到张国立彻底消失在阶梯的那一头，她仍旧怔怔地站在原地，探出身子看了好久，此情此景，毫无矫饰却以真实的生活质感抵达人心。再如，新婚宴尔的郎朗和吉娜夫妇，始终保持着"黏腻"的情感状态，毫不掩饰对对方的欣赏，这种"满心满眼都是你"的高糖爱情，虽有梦幻之感，却也是浓情蜜意的真情流淌。恰如节目中张国立看到两人的甜蜜爱情后问邓婕这叫秀恩爱吗，邓婕一语中的："这不叫秀，这就是恩爱。"

可以说，导致当下年轻群体对现实婚姻信心旁落的，既有复杂的社会因素，也不乏大众媒介对情感焦虑的推波助澜。与众多贩卖婚姻焦虑的媒介不同，《幸福三重奏》以现实主义的创作态度，向观众展示了真实婚姻关系中温暖美好的向度，激活了普罗大众对婚姻的浪漫向往，从而给观众尤其是年轻人提供了更多积极的价值示范。

2. 三组夫妻构建"微观社会"，代际间建立情感投射

塑造人物形象与呈现人物关系，是优质综艺节目叙事的核心。《幸福三重奏》节目重心是呈现不同组合夫妻远离尘嚣的生活状态，在一定程度上具有"社会实验"的色彩，因此，在明星夫妻的组合搭配上节目组也颇费考量。

该季《幸福三重奏》嘉宾选择上，继续兼顾多元化与广谱性，宏观上构成了浓缩的社会模型。张国立与邓婕代表的"父母爱情"，许富翔、陈意涵代表的朋友式夫妻关系，郎朗与吉娜代表的跨文化新婚夫妻，令不同年代或文化圈层的观众均能从三组关系中找到投射并产生认同。

如张国立与邓婕代表的是典型的老夫老妻式爱情，张国立一改"老戏骨"的荧屏形象，还原为生活中童心未泯的"老小孩"，而邓婕则是操心一切的家庭主妇，这种关系组合像极了中国式父辈的爱情状态。他们在生活中的"怼聊"，像年轻人一样打打闹闹，也陪伴彼此慢慢变老，享受着独属于他们的甜蜜。许富翔、陈意涵代表了一种朋友式夫妻关系，在很多观众看来，他们呈现了一种理想化的婚姻模式，彼此既相互独立，又能形成同一频道的情感共振。这种一个眼神就能读懂对方，你抛出的梗我都能接住的默契背后，则是夫妻双方对对方的充分尊重和理解。这种相知相守的陪伴感，是值得新时代青年学习的婚姻范本。

郎朗与吉娜代表的是跨文化的新婚夫妻关系。节目中，作为德韩混血的吉娜有着精致五官和骄人身材，难得的是，她的身上没有一丝娇气，对郎朗无微不至的关心和一口东北普通话，均让她呈现出了强烈的反差萌。而两人溢于言表的爱意，非常像当下小年轻的爱情。当然，节目也并未止于"发糖"，而是进一步探讨了两种文化背景下的个体如何融洽相处的问题，扩展了命题深度。

在托尔斯泰看来，幸福的家庭总是相似的，但在《幸福三重奏》里，每一组夫妻的幸福又丰富而多元。这三种不同的婚姻关系和相处模式，恰似一个三棱镜，折射出不同的婚姻观，提供了不同类型、不同年代夫妻的镜像。

3. 极简美学风格，彰显俗世日常的审美化

《幸福三重奏》第二季不仅在立意设定与关系组合上，营造了"暖综"的风格，在制作层面，也以极简主义美学彰显出俗世日常的审美化。

在空间选择上，第二季节目依旧选择了北京郊区的怀柔。无论是作为地理空间还是文化符号，"那山、那人、那狗"的陌生化情境都强化了"生活在别处"的体验。节目中三组嘉宾生活的农家小院，方寸之地，鸡犬之声相闻，契合了观众对田园牧歌的想象，收到了返璞归真的视觉效果。同时，节目淡化叙事密度，简化规则与任务，节目中人物行动均由内在驱动，而非节目组人为强加，更侧重从琐碎日常中完成审美的发现、表达与回归。如陈意涵夫妻间的"戏精式"对话，张国立夫妇的作画与展览，以及吉娜学习普通话等，都不是极致浓烈的强情节内容，却有着且共从容的生活美感。

此外，舒缓悠然的诗意剪辑与恰到好处的花字文案，也形塑了节目气质。《幸福三重奏》中很少有凌厉的高剪辑率镜头，而是通过大量长镜头调度以及"境生于象外"的画面组接完成表意。适时出现的花字文案，既巧妙地为人物情绪和环境点睛，又不喧宾夺主，从形式上营造出"暖综"的调性。

整体来看，《幸福三重奏》第二季在延续首季品牌热度的基础上，更加突出温暖正向的情感力量，在不同婚姻关系中提供幸福方法论的多元启示，从主题立意、关系组合和节目制作等多个角度，呈现出了"暖综"的风格，在温馨的调性中实现了主题旨归的升华。

四、文化类综艺节目

文化类综艺节目是以中央电视台《中国诗词大会》《朗读者》为代表的题材细分类型的视听节目，既是传统文化创造性转化、创新性发展的重要成果，也是"有意思"与"有意义"相结合的艺术作品。该类节目以"文化+综艺"为模式，开掘中华传统文化艺术样式作为题材，从创意、文本、视听等方面借助综合艺术形态制作，多呈现为季播节目，是活跃于中国综艺荧屏的主流的节目类型。

（一）形态分类与历史源流

文化类综艺节目因其文化题材和综艺形态的多样性而具备较为宽泛的范围，其内部类型也可根据题材和形态进一步细分。

从文化题材分，语言与文学类、社会历史类、艺术与非遗类是此类节目在荧屏上最具影响力的细分类型：语言与文学类首开新时代文化类综艺节目之热潮，通过挖掘与利用文化经典，直接将文化元素符号、文化意象精神进行电视化呈现；社会历史类以人文故事、集体记忆、传统民俗等展现民族精神和时代精神，用共时性的多民族故事和历时性的多朝代文化拉近观众与中华文化的距离；艺术与非遗类聚焦传统文化的技艺性、仪式性、传承性内容，满足城市受众对文化体验、匠心制造的好奇和关注。

从节目形态分，竞赛类、朗读类、表演类、纪实类是当前节目的重要呈现形态：竞赛类通过竞技的赛程紧张感、赛点悬念感和竞赛选手的冲突性来吸引受众；朗读类以文学背景故事、人物经历细节展现读本内含的情感，满足受众以文学滋养心灵、陶冶情操的需要；表演类以文艺展演或角色扮演的方式呈现文化经典、传承历史印记，将高雅文化送入寻常百姓家；纪实类通过"真实记录"的形式展现特定文化情境中的人物行动，帮助观众形成对文化现象、物件、事件的认识。

我国文化类综艺节目的源流可追溯到电视诞生之初，开播之日的诗朗诵《工厂里来了三个姑娘》《大跃进的号角》与舞蹈《四个小天鹅》《牧童和村姑》《春江花月夜》等节目均带有极强的文化性。而后，文艺专栏和文艺专题片也为该类节目奠定了形态基础。改革开放后，20世纪80年代的《北京市中学生知识竞赛》、20世纪90年代以旅游文化为内容的《正大综艺》、21世纪的《读书时间》《子午书简》《百家讲坛》等具有代表性的央视栏目展现出文化特质、文化精神、文化风格，是2013年以来逐渐兴起发展的新时代文化类综艺节目的前身。

2011年，部分电视制作机构通过形式创新与模式借鉴的方式进行语言与文学题材的节目研发。河南卫视与爱奇艺制作的《汉字英雄》《成语英雄》、央视与国家语言文字工作委员会制作的《中国汉字听写大会》、河北卫视制作的《中华好诗词》等均诞生于2013年。其后，国家广电总局号召卫视频道深入挖掘传统文化资源，学习借鉴《中国汉字听写大会》等节目的有益经验，电视媒体纷纷开始了对文化题材的探索，央视《中国诗词大会》《中国民歌大会》、北京卫视《传承者》《传承者之中国意象》等节目顺势播出。

2016年6月，国家广电总局下发《关于大力推动广播电视节目自主创新工作的通知》，以央视与黑龙江卫视为代表的主流媒体积极响应号召，于2016年至2017年推出《中国诗词大会》第二季、《朗读者》及《见字如面》等节目，获得社会大众的广泛认可，使"文化类综艺节目"成为独立类型受到业界和学界的关注。其后，央视的"大会系列"及《国家宝藏》《经典咏流传》《故事里的中国》《典籍里的中国》等节目实现传统文化、革命文化与社会主义先进文化的综艺化创制，东方卫视"中华"系列节目及浙江卫视《同一堂课》、四川卫视《诗歌之王》、广东卫视《国乐大典》、腾讯视频《邻家诗话》《一本好书》等节目不断开拓传统文化的表现方式与细分领域，使文化类综艺节目从相对边缘的补充类型转变为荧屏综艺的重要样态。

（二）类型特点与创作策略

文化类综艺节目凭借品位高度、内涵深度、关怀温度及向大众提供知识理念、文化反思、审美观念而获得新时代媒介受众的广泛认可，相较于重视感官冲击、娱乐刺激的其他综艺节目而言，该类节目抓住中华文化历史悠久、潜移默化的特质，以"清流入心"的方式启迪思想、温润心灵、陶冶情操，使得荧屏上诞生出一批"有意思"与"有意义"相结合的视听作品。其类型特点与创作策略如下：

节目借助故事以情感人，彰显底蕴以技服人。故事性、情感性与技艺性是文化类综艺节目的重要特征，为文化题材的时代化开掘提供清晰的方向，即以大时代背景下真实可感的个体记忆、命运事件勾连的普遍情感及超越常人的精湛技艺为主要内容，反映具有思想深度、精神高度、文化厚度的文化经典及其价值，满足社会大众的期待并扩展其认知领域。节目通常会采用人物与技艺的反差、曲折命运故事与展演内容相结合等叙事手法，延展生发价值内涵，强化个体对文化的个性化解读，以增强表达的贴切性，将个人意志、集体观念、家国情怀以最为质朴的方式传达给媒介受众。

文化内涵的电视化呈现以艺动人。文化属于意识形态领域，如何将较为抽象的文化概念转变为具象的电视视听景观，是文化类综艺节目创作的关键，也是感染打动观众的核心所在。节目生发于极具想象空间的文化经典，通过符号化的视觉呈现打造视觉意象，例如将节目的标志、舞美、片头、包装等部分融入相关的文化元素，配合节目主题。同时，节目也注重凭借仪式化行为来营造具有文化意蕴的场域氛围，通过重复性、标志性、虚拟性、表演性的流程设计与现场观演关系的构建，达成艺术仪式的行为叙事。节目通常会将时尚化元素融入传统文艺加以跨界改编，例如将诗词、音乐等不同类别的文艺形态进行有机结合，或是以新颖的综艺形态与文化题材进行创新互动，为曲高和寡的文化样式提供了通俗的电视化传播手段。

节目传达鲜明的价值理念，实现以文化人。文化类综艺节目是具文化价值的视听作品，旨在对于崇高价值、梦想追求及中国优秀传统的传达与守护。节目通常选择优秀传统文化、革命文化与社会主义先进文化作为内容题材的挖掘范畴，设计具体主题，探寻背后故事，弘扬爱国精神与时代精神。节目讲述普通个体故事，折射时代变迁，或是邀请杰出人士回忆往昔峥嵘岁月，通过口述历史的分享来联通个人梦想与中国梦，并彰显中华儿女在实现中华民族伟大复兴道路上的奋斗进程。节目策划所依托的本体通常也带有价值倾向，例如文物所昭示的历史文化与风云激荡、诗词所吟咏的爱国热忱与诚信意识、家风所反映的家国情怀与道德素养等。

扫码看

案例解读

《诗意中国》第二季

在政策东风的加持下，文化类节目已然成为当下内容市场的硬通货。但如何将思辨性的文化命题感性地表达，不同节目则存在高下之别。深圳卫视文化类节目《诗意中国》的推出，为文化类节目创新提供了新可能。这档节目从浩荡历史长河中撷取反映诗意生活的选题，借古人的诗意哲学，探今人的存在之道。在形态设计上，《诗意中国》创造性地将文艺推理、情景再现、经典复刻等表现手法有效交织，播出后引发了较大的文化回响，其在娱乐围城中的诗意突围确立了自身的价值坐标。

1. 内容再聚焦：连接个体生命经验，制造"大清新"的青春风尚

《诗意中国》的最大魅力就在于将古朴的历史文化，转化为当下的审美需求，探讨古人"诗意生存"与今人"诗意栖居"的共通性。第二季节目在承袭前季精粹的同时，也完成了主题内容的创新升级，在风格上进一步拥抱青年文化。具体而言，该季节目创新主要体现在两大层面：内容深化与主题细化。

内容深化，即该季《诗意中国》简化答题数量，规避题海战术，更侧重对单一命题的纵向开凿和极致展示，力求"一寸宽度，一尺深度"。该季节目答题推理环节仅设三道题，三道题层层剥笋，强化了节目的叙事动力。考题简化的同时深化每个题目不同切面的演绎，以点带面，将单一考题掰开揉碎，深刻消化。

主题细化，即相比前季，该季节目在主题构成上更细分具体，也更具烟火气。全季节目主题包括了思念、雅集、乡居、市井、建筑、发明等，这些主题不是松散的断线之珠，而是由情感、生活、人生追求三大篇章"彩线穿珠"，每个篇章的主题都与年轻人的生活息息相关，"情感篇""生活篇"和"人生追求篇"三个篇章，密不可分又层层递进。

可以说，该季节目主题回避宏大叙事，真正与平凡个体的生命经验接通。如以"思念"为主题的首期节目，围绕"家永在，人长久"的命题，划分为三个板块：寸草春晖、思乡之情、心望神州。从家庭到故土再到国家，每个版块的内容均意在帮助年轻人在日常生活中发现诗意之美，构建起属于每一个新青年的诗酒田园。

如果说当下年轻人所迷恋的"小清新"，多少还有点缱绻趣味的话，《诗意中国》则更多地以浓郁的中式审美，为新时代青年呈现一种风清气朗、诗意横生的"大清新"格调。节目从古典文化与青年文化的承续中找到了一以贯之的根脉，重塑着年轻群体的青春风尚。

2. 表达更时尚：接地气、冒热气、有灵气，还原Z世代的诗意想象

《诗意中国》能够在一众文化类节目中脱颖而出，关键在于其原创的形态设置。整体而言，该节目有效地平衡了诗意溯源与文化传承、古典美学与现代表达、理性推理与感性演绎等关系，为经典文化的大众化传播提供了很好的镜鉴。

其中，《诗意中国》独创的小剧场"经典复刻"，用舞台剧的形式表现考题，将诗意灵韵转化为视觉美感，已成为众多节目借鉴的修辞策略，这种形态在第二季《诗意中国》中也得到了良好的延续。如首期节目中，围绕"哪句诗是鲁迅写的？"，四位演员在尺幅舞台上情境再现了两个不同的题干，他们形象生动的表演和场景还原，一改大众对鲁迅停留于书上的冰冷印象，而使其"宠娃狂魔"的一面得到凸显。值得提及的是，这些小剧场的舞台表演段落，麻雀虽小五脏俱全，剧作短小精悍，表演也扎实有力，毫无悬浮之感。据了解，针对演员的表演，节目组还特意邀请了中戏的表演教师指导。

除了小剧场情境还原、逻辑推理等经典元素，该季《诗意中国》在形态创新上更追求年轻化表达，侧重寻找传统文化与青年文化的对接点，不仅横向扩展日常的诗意边界，也在纵向进行着圈层破壁。首先，该季节目加入了由名校学子构成的三支诗意高校方阵，青年学子与嘉宾组成"诗意搭档"联袂答题，代际视角的加入将秦砖汉瓦、唐风宋韵的古典诗意，转化为极具时尚感与先锋感的当代美学意识，投射出Z世代的诗意想象。

在总导演朱文婕看来，学生方阵的加入为非文化类的嘉宾实现了减负，使他们状态更放松自如、游刃有余。与之相伴而生的"满腹诗书"环节紧张刺激，知识密度很大，成为本季的最大亮点。而总导演刘塞伊则表示，"满腹诗书"环节尽管知识密度比较大，却并不艰深枯燥，高校方阵的加入令这个环节妙趣横生。

同时，该季节目在舞美设计上也全新升级，主打"海上生明月，天涯共此时"的概念，将舞台打造成了一个充满诗意的传统"庭院"：弧形拱门、太湖石雕、苍松翠竹，舞台表演区与嘉宾谈话空间也进行了分割与重置，在舞台区中可以通过LED播放的素材内容，营造出不同的诗意境界。如歌手在演唱《故乡的云》时，大屏幕中的一轮圆月与拱门形成了"同心圆"式的奇观，而舞台升腾起的云海，则进一步强化这段表演情景交融、虚实相生、韵味无穷的写意之美。可以说，升级的舞美设计强化了场景的沉浸式体验，也提升着观众情感的投入度。

此外，在嘉宾天团的构成上，该季节目也作了一些调整。第二季《诗意中国》延续了诗意主理人赵普与诗意搭档郦波、庞玮的"铁三角"结构，但对三人的分工进行了重构，除担任诗意主理人的赵普身份不变外，庞玮和郦波由原来的推理嘉宾变身诗意出题官，共同考验每期的"诗意新人"。

在明星嘉宾的配置上，新一季《诗意中国》同样注重青年文化与传统文化的对话，主创基本放弃了与节目内容气质相去甚远的流量艺人，而是选用文化类名人或与本期主题非常贴合的明星嘉宾，如自幼学习京剧武生的郑业成等参与到节目中来。这些自带少年感与文化气场的嘉宾，在节目中有话可说，有故事可分享，带领着观众完成从琐碎庸常到诗意日常的切换。

"铁三角"与嘉宾团以接地气、冒热气、有灵气的表达，给观众带来了更多别开生面之感。如首期节目中，谈及母爱时，庞玮提到了当年报考志愿的往事，郑业成也讲述了年少时期去外地学戏的思乡情重，展示了个体视角中"活的经验"以及浮世日常中的翩然诗意，摒弃了照本宣科的说教和评点，潜移默化地传递出文化诗意。

3. 营销开脑洞：联动融媒体、场景化营销，超级宣推助攻文化"出圈"

第二季《诗意中国》的文化"出圈"，不仅得益于内容形态的制作上乘，也离不开超级宣推的强势助攻。其在融媒体交互联动、营销场景化等层面进行创新，不靠渠道堆砌，而以创意取胜，达到了四两拨千斤的传播效果。

该季节目更加侧重融媒体的运用，如以诗意少年的主观视角拍摄嘉宾的台前幕后，并以 Vlog 的形态在媒体传播。再如，《诗意中国》在播出前，推出了跨屏互动的 H5 创意产品，通过调动海量用户的及时交互答题，线上线下建立了一种触手可及的交流感，不断助推节目话题的衍生和发酵，形成"自来水"的传播势能。

第二季节目的场景化营销也可圈可点。节目开播前，深圳卫视在深圳的一个地铁通道里搭建了一个诗意长廊，里面均是用网感语言对古诗词的现代解读，如"城门失火，殃及池鱼"之于"躺着也中枪"，"反是不思，亦已焉哉"之于"友尽"等。这种场景化营销，使节目亮点和核心立意鲜活生动地介入大众生活，在具体的生活空间中与目标受众建立连接，这本身就契合了节目在日常中发现诗意的宗旨，强化了观众的代入感，从而通过对中华经典文化的创意化表达、趣味化解读及潮流化传播，实现线下线上的联动。诸多超级宣推手段，助推了节目的精准抵达与人气发酵。

整体而言，第二季《诗意中国》在传承与突围中，继续感召观众的诗意回归。如果说文化类节目站上风口，代表了内容生产领域"国风"的流行，那么《诗意中国》对文化节目的气质重塑以及对传统文化元素的年轻化改写，则还原出Z世代的诗意想象，引领着综艺生产领域"新国风"的形成。

本章思考与练习

1. 如今的综艺节目创作呈现出类型融合的趋势，请举例分析。

2. 与类型电影相比，综艺节目的类型化特征不够成熟，为什么？

3. 在综艺节目类型化的过程中，你认为应该如何平衡商业化和艺术性的关系？

4. 从《上新了，故宫》到《国家宝藏》，近年来，文化类综艺节目屡屡"出圈"。从综艺节目类型发展的角度来看，你觉得这一类型综艺节目获得受众喜爱的原因有哪些？

第三章

策划：综艺节目的创意提出

学习目标

理解策划在电视节目制作中的重要性和作用，掌握综艺节目策划的基本流程，了解常见的找寻综艺选题的方式，尝试结合不同的创意来源，创作出新颖的综艺节目策划方案。

关键术语

创意策划；选题；智力工具

很多强调创意的行业都有策划工种，比如广告策划、营销策划、婚礼策划等。所谓策划，按照字面意思来理解，就是出谋划策。就电视节目制作来说，尽管"策划"这个名词出现较晚，但这个工作在电视节目成形之前必然要做，因为不管什么时期操作一档节目，都需要团队成员的商量讨论、"头脑风暴"。"策划"这个名词的应运而生，是在20世纪90年代，电视台大量借助台外资源，如专家、学者、艺术家等参与节目创意，不乏有人以专职策划的身份行走江湖，一度让这个行当陡然走俏，甚至有电视行业从"渠道为王"到"内容为王"再到"策划为王"的说法。尽管近些年针对"策划"这个行业的讨论热度渐低，但这个工作始终存在，上马一档节目前召开策划会仍是"标配"。节目策划是如何工作的？可以借助的智力工具是什么？综艺节目策划有哪些独特属性？这些都是我们在本章需要学习的内容。

综艺节目策划的逻辑起点是从选题开始的，在很大程度上，综艺节目寻找选题的过程，也是创意确立的过程。一个可便捷描述的选题或者"点子"，往往是一两句简单的话，涵盖时间、人物、规则、地点、技术，同时要融入合适的类型或题材来承载这个点子。然后在此基础上，搭建结构、设置情节、选择嘉宾，形成系统的节目形态，这个过程就是综艺节目策划的完整流程。

从某种意义上说，创意似乎是不可言说的秘密，很多从业者在策划选题时，常常无从着手。但只要给看似天马行空的创意限定一个具体疆界，那么相对而言，它的路径就会变得容易把握。接下来我们就介绍几种常见的找寻综艺选题的方式。

一、日常生活

作为创意工作者，不论是导演、编剧还是节目编导，都应当具备从日常生活中获取原始故事的能力。可以从大众平日里关心、喜欢甚至厌倦的事物中，提取出最具有普遍意义的原始创意。我们常常说，内容创作者一定要"接地气"，不能凌空蹈虚，要善于从日常生活，甚至可以说习焉不察的隐秘角落中找到选题和创意的雏形。从这个角度来说，要面向观众，最好的办法是首先直面自己，所以个人的生活经历就是一个节目选题的源头活水，可以想象自己的经历能否与观众形成共情。

比如，全球经典的户外竞技真人秀《极速前进》（*The Amazing Race*）创意来源就是节目制片人的生活经验。他在大学毕业后与同学们在欧洲背包旅行，途中有人掉队，再加上大家兴趣点不同，于是只能分开旅行，大家分别去了不同的地方，而这次分开旅行就构成了《极速前进》的创意雏形。再比如，代际鸿沟是全世界人生活中都会面临的问题，老一代人理解不了年轻人的生活方式，新世代也普遍觉得老一代难以沟通。这种刻板印象和偏见需要消解。针对这样的现实状况，英国近年推出了一个代际沟通节目《奶奶的现代社会指南》（*A Granny's Guide to the Modern World*），让70岁以上的爷爷奶奶实地体验年轻人专属的东西，比如社交软件、美容、网游、蹦迪等，引发道德与伦理层面的思考。

> **案例解读**
>
> ### 《暖暖的新家》第五季
>
>
>
> 住房难题、装修难题是当代生活中常见的问题。如何让一个相对逼仄的空间做到物尽其用，设计出更美好的生活空间，具有极高的话题共鸣度。对于大众传媒来说，面对住房难这样牵一发而动全身的普泛性问题，不能"只拆不建"，更应该思考在当下现实环境中，如何承担建设者的功能。这也解释了为什么家装类节目出现后迅速风行。这类节目直面都市人现实的居住困境，通过设计师对空间鬼斧神工的改造，让方寸之地别有洞天，而被改造居住空间者徐徐铺展的人生故事更是醇厚绵长，具有情感撞击力。
>
> 北京卫视《暖暖的新家》节目遴选出12个生活在狭窄环境中的家庭，通过对他们"陋室"的空间再造，也完成了很多人的心理重建，不再蒙尘的平凡梦想串联起当代中国的社会风情画。节目并不是劝慰人们安于现状，而是告诉大众，如果暂时没有条件更换房子，"蜗居"也可以更舒适，"陋室"也可以更宜居。因此，《暖暖的新家》侧重于对"极致户型"的改造。
>
> 例如，在第五季第一期节目中，来自哈尔滨的北漂母女，花费积攒了大半辈子的钱却在北京只买了个47平米的"花瓶形状的家"，由13 m^2 三角形的进门厅、14 m^2 梯形的客厅厨房、5 m^2 凹字形的阳台和15 m^2 长方形的卧室组成。这样的奇葩户型给生活带来了诸多不便，如梯形客厅无处安放家具，储物空间严重不足，厨房位于整个房子最中间致使油烟无法迅速排出等。这些难题成为设计师需要解决的任务。这种对极致空间的展示与改造，不仅仅是节目为追求戏剧化叙事而运用的手段，也给身处蜗居环境的观众呈现了一种可能性。毕竟节目中呈现的奇葩户型在现实生活中还是少见，如果这样的房子都能脱胎换骨，大部分人的蜗居环境改造也不在话下。此外，《暖暖的新家》对旧城区改造的问题也投入了关注。近些年，古城保护、抢救胡同等声音不绝于耳，这无疑是值得重视的问题，但同样应该被重视的，还有生活在古城中居民的住房环境。在本季《暖暖的新家》中，节目

> 邀请了两位喜欢北京文化的外国设计师，给中国的胡同改造提供了别样的思路。
>
> 题材的贴近性是《暖暖的新家》的天然优势。住房难作为一项社会议题具有受众广谱性，观众很容易由节目中逼仄的居住环境，产生现实体认和情感共鸣。针对当下很多漂泊在大城市的年轻人租房居住，《暖暖的新家》还选择了几套出租房进行改造，让漂泊在外的游子找到家的感觉。正如流行语所说："房子是租来的，但生活不是。"《暖暖的新家》是在向租客们传授如何用最短的时间和最省钱的方式，改造出一个理想的家。

二、社会热点

社会热点、时代热点是综艺节目创意的重要来源。创意人员应时刻关注社会动态、热点话题，从中寻找创意灵感。可以通过传统媒体、新兴媒体获取有效的信息。综艺制作者应该是时代的观察员、社会的瞭望者，优秀综艺选题的确定应该考虑大时代下的社会环境、大众心态。更重要的是，综艺策划要与顶层设计的导向相呼应。综艺节目的编导要具有善观大势的能力，要大处着眼，小处着手，将国家大势与个体需求相结合，在宏大背景中找到小的落脚点和切入口。

举例来说，最近几年女性议题屡上热搜，就催生了"她综艺"的遍地开花，像《乘风破浪的姐姐》《怦然再心动》《妈妈，你真好看》《姐姐妹妹的武馆》。这些节目是否全然真实呈现了女性的生存镜像，真实表达了女性自我意识的觉醒，还有很多探讨的空间，但其号准了时代脉动却是毋庸置疑的。再比如，慢综艺的流行跟社会热点或者说痛点也密不可分。"快"大概是转型期中国社会最典型的写真，一切都像上了发条，争分夺秒、步履不停，为生计所迫的国人不得不在无休止的忙碌和重压下，"终日奔波苦，一刻不得闲"。当生活让位于生存，诗意与美感也就荡然无存，在工具理性对个体的操纵下，焦虑开始成为时代集体症候。慢综艺的应运而生，就是对快节奏时代社会痛点的一种回应和精神补偿。《向往的生活》《中餐厅》《朋友请听好》等慢综艺热潮的形成，体现了当前社会压力过大，大众对逃离都市、归园田居的美好想象。

扫码看

> **案例解读**
>
> 《亲爱的·客栈》
>
> 一种类型节目的突然走俏，大概率是因为其题材选择切中了某种社会思潮的律动，呼应了最大公约数的受众渴求。慢综艺的风靡，正是对快节奏时代的回应与精神替代。
>
> 朝九晚五、披星戴月，几乎是转型期中国社会民众最典型的日常写照。成功学焦虑施压于大众身上，当这种情绪累积到一定程度，必然会引起触底反弹。近几年的一些流行语，如"世界那么大，我想去看看"，"生活不只眼前的苟且，还有诗和远方"，乃至时下正流行的"佛系""摆烂"说法，都是对这种焦虑情绪最直观的映射。
>
> 而这也是慢综艺近来炙手可热的底层逻辑。此前的"快"综艺，普遍推崇极致浓烈的戏剧性效果，偏好做"加法"，但这种节目对于纾解情绪压力作用不大。而主张做"减法"的慢综艺则是一种思路转向，自湖南卫视《向往的生活》以降，行业逐渐意识到清汤寡水的日常化审美并不输于烈火烹油的强情节内容，于是渐次上马同类节目。在林林总总的节目中，湖南卫视《亲爱的·客栈》表现较为亮眼。该节目定位于经营体验式观察类真人秀，通过明星夫妻和情侣在人文圣地泸沽湖运营一家客栈，传递在快时代之下"慢下来，去生活"的理念。当走得太快而忘记为什么出发时，短暂的驻足停留，自然会让人们走得更远。因此，《亲爱的·客栈》第一季立意起点非常直观：远离喧嚣，在慢节奏中寻找生活初心。
>
> 塑造人物形象与呈现人物关系，是真人秀普遍追求的表达内核。《亲爱的·客栈》第一季与同类节目相比，最鲜明的区隔在嘉宾的选择上。同类节目对于明星配置普遍没有特别偏好。其他慢综艺如《向往的生活》《中餐厅》的嘉宾选择主要围绕"朋友圈"展开，如黄磊与何炅

等，因此，《亲爱的·客栈》主打明星夫妻或情侣的阵容，在内容市场上相对稀缺，具有一定的新鲜感。

《亲爱的·客栈》第一季以"爱人"关系为支点，嘉宾选择体现了多元化，宏观上构成了浓缩的社会模型。刘涛与王珂夫妇、阚清子与纪凌尘情侣、单身青年陈翔以及作为变量的义工，他们的人物关系展示涵盖了夫妻相处之道、情侣恋爱模式乃至单身者的爱情观念。几位嘉宾共处一个客栈中，彼此的观念也出现碰撞。

《亲爱的·客栈》以五个明星经营一家地处泸沽湖边的客栈为主要内容，无论作为物理空间还是文化符号，"客栈"都形塑了节目独特的气质。这家木结构的客栈坐落在泸沽湖畔一处，背山面湖，不通车马，仅靠几只小船往来湖岸，宛若世外桃源。这非常契合观众对田园牧歌式生活的想象，实现了节目追求的返璞归真的视觉效果。

而从节目结构上来说，客栈又是一个与外部社会不断发生关系的开放式窗口。节目中形形色色的顾客，成为节目后续进展的重要驱动力，让节目在一个充满变化的框架内稳步推进。在这个客栈中，五位明星广结八方素人游客，形成了良好的"星素互动"，更重要的是在互动中他们将客栈营造出了家的感觉。中国的酒店、旅馆等向来强调"宾至如归"，突出中国文化传统中的人情味儿，《亲爱的·客栈》恰恰制造出了这种温情，正如其中的一个顾客所说，"客栈只是房子，人情让它拥有灵魂"。

在第一季节目进行到尾声的时候，客栈老板王珂提议客栈员工给每一位住过的客人寄送礼物，以此答谢这些客人的光顾。于是，客栈员工为从9月11日起来到这里的每位游客，都寄送了符合其个人特点的小礼物，有床单、松茸、签名的插画、拍立得、帽子等。王珂表示，他们从每位客人身上都学到了不同的生活感悟，希望下一季的客人能够更加融入这个客栈，如真正回到家中一样。从"亲爱的客栈"到"亲爱的家"，节目实现了主题旨归的升华。当每一个孤独个体在这方天地中得到了家的温暖慰藉，"慢下来，去生活"才不是一句干瘪的口号，而这也才更符合一档"慢综艺"的初心。

三、流行文化热点

流行文化形态或亚文化形态均可成为综艺取材的聚焦点。曾有一段时间，对内容制作者来说，"得大妈者得天下"，所以调解类节目、婚恋类节目、情感类节目成为市场上的强势类型。伴随着互联网文化的迅速崛起，网生代内容消费群体成为主导性的文化圈层，因此"青春崇拜"、Z世代趣味主导的综艺选题成为主流综艺内容平台的集体取向。当然，由此导致的对中老年用户的忽视，也成为需重视的结构性问题。

当前，主流的视听内容平台都将青春向的内容作为选题开发的方向。流行文化中的剧本杀、密室逃脱、狼人杀等社交游戏，说唱、街舞、乐队、古风等青年文艺形态，都成为综艺选题而被采纳。在对这些青年文化进行综艺化的时候，应当处理好其与主流文化的辩证关系。

扫码看

案例解读

《热血街舞团》

业内普遍认为，综艺"江湖"近年最大的变化，就是卫视综艺日渐触达天花板与"网综"（网络综艺）的强势崛起。变化不仅仅体现在投入与招商上，更体现在优质网综制作中旧思维的瓦解与新观念的根植。当很多人还在为"网感"命题的真伪争论不休时，以《奇葩说》《中国新说唱》《创造101》《热血街舞团》等为代表的新网综，在审美趣味上，正在与"视综"（卫视综艺），甚至与"新形态，旧观念"的传统网综产生明显差异。

这种差异背后，是视频平台对青年文化的深刻觉察与生动转化。一些青年亚文化与网络圈层文化，经流媒体平台的长袖善舞，完成了从圈层文化到大众文化的进阶。可以说，在催生并推动新的文化潮流与提升青年文化格调上，网络视听平台已成为强大的策源地。

受众是一切内容生产的出发点和归宿，只有摸准了真实的受众需求，才能找到制造内容爆款的不二法门。对于网综行业来说，海量的大数据资源及先进的AI技术，为整个行业描绘了受众画像，发掘了用户需求，提供了相比于视综得天独厚的优势。但网综领域内部，在满足用户需求上也存在云泥之别。按照经典受众理论，用户需求分为现实需求与潜在需求，许多网综仅重视对用户现实基础性需求的填补，如近两年一些平台推出的户外真人秀、音乐选秀是"新形态，旧观念"，使得自身成为卫视综艺的翻版。

开掘网综用户潜在需求，首先应当理解用户的构成与行为特征。大量数据表明，青年群体是网络视频的主流用户。社会学家齐美尔认为，青年群体不仅有"社会相符需要"，更有"社会差别需要"。青年群体以趣缘关系为纽带形成了圈层文化，这样的文化又因其"潮""酷"的先锋感，容易引领流行文化的趋势。青年文化的求异思维，要求网综打破惯性思维和路径依赖，不断求新求变，保障内容生产的底层活力，敢于试错，敢为人先。

视频平台的审美超前性，使视频网站率先从青年文化入手打造内容。爱奇艺《中国新说唱》成功引爆了说唱文化的流行后，与说唱同为嘻哈文化的街舞，就顺理成章成为接下来的目标。街舞是青少年主导创造的流行文化，在Locking、Popping、Breaking、Hip-Hop极致动感的形态表现中，青年挥洒着热烈的情绪，也表达着年轻一代的生命态度。这种贴合青年潮流追求和个性表达的网综，体现出视频网站对青年文化嬗变的高度敏感，由此形成了新网综与传统网综的分野，制造了网综领域的"代际差"。传统网综重视对现实需求的填补，而新网综则极具前瞻性，善于将潜在需求转化为新的增长点。

自2017年有视频网站提出"超级网综"时代后，这个概念逐渐得到了整个行业的认可。但对其内涵的厘定却比较模糊，不少视频平台纷纷为自家大投入的综艺内容冠之以"超级网综"的标签，事实上，高成本、大制作的确可以算作"超级网综"的部分属性，却很难成为其存在的充要条件。真正的"超级网综"除了体量庞大外，还应包括在话题制造上能成为街谈巷议的"社交货币"，更应该在文化领地的拓展上有开创性和超前性，以其先锋姿态制造与传统网综的"代际差"。

而仅仅看到初露峥嵘的青年文化，尚不足以制造出"代际差"，只有真正读懂青年文化背后的心理图景，并将之转化为超越用户预期的审美表达，才能真正将"代际差"观念落地。就《热血街舞团》来说，行业中不乏其他平台注意到了街舞文化的势能，也先后推出了此类视综、网综，但在文化影响力上，《热血街舞团》却更占上风，更契合"超级网综"应有水准，而这则得益于制作方爱奇艺对街舞文化精髓的理解。

从呈现空间来看，街舞诞生于美国黑人居住街区，可以说真正的城市街头才是街舞的母体，而封闭的空间则有悖于街舞开放、随性、社交的特性。《热血街舞团》在现实空间中专门搭建了"热血之城"，4万平方米的空间，50个场景的布局设计，霓虹灯、火焰、重金属、朋克等极具视觉冲击力的造型元素，让街舞表现更有现实感。这是网综领域首次将棚内综艺进行实景化录制，这种具未来感的场景化思维，契合了年轻用户沉浸式体验的需求，这正是"代际差"意识的体现。另外，《热血街舞团》延续自《中国新说唱》的剧情式玩法，也是"代际差"意识的落地。如今的年轻用户群体，都是看着美剧、英剧等强情节内容成长，对剧情有着先天的依赖。爱奇艺曾对《中国新说唱》用户构成作过分析，发现除了说唱的主要目标用户男性群体外，女性群体也占了相当大的比例，而这些用户或许对嘻哈文化并不感兴趣，但大多都会被节目剧情所吸引。

同类街舞节目常采取四平八稳的老派赛制，叙事显得清汤寡水、毫无张力，而《热血街舞团》则巧妙运用了倒叙、反转、悬念等剧情式真人秀技巧，结构的起承转合非常讲究，埋伏的悬念暗线多，使得叙事处理更显高级，这符合年轻用户对高品质叙事、沉浸式体验的需求，即使是并不热衷街舞的观众也可以将其当成"电视剧"来看。通过剧情式真人秀的手法，网络综艺完成了对圈层文化的更加大众化的表达。很多非核心用户因被剧情吸引，开始对《中国新说唱》的说唱文化、《热血街舞团》的街舞文化，乃至《机器人争霸》的AI文化、极客文化产生兴趣，被这些新兴文化成功收编。

四、社会学实验

很多综艺节目模式受到社会学实验的影响,或者说不少综艺节目本身就是以一场社会学实验的方式进行的。这种社会学实验性质的节目很像是"纪实性肥皂剧"(Docusoap),简单来说,这类节目的核心关注点是人在某个具体情境中的行为反应。观众在观看节目时,可以在节目参与者身上看到自己的影子,从而反观自己处于同样的情境会有什么反应。

这些节目模式的出发点其实就是一个"what if"的大前提:"如果……我会怎么做?"人们在黑暗中约会,彼此看不到脸,是否可能相爱?这是《爱情盲约》这样的节目的创作由来。再如,美国社会学实验节目《一见定终身》,目前已经授权了 25 个国家,而这档节目就集合了所有社会学实验节目取得成功的必要元素,它首先有一个简单又有分量的大前提,那就是人们常常问自己:相不相信一见钟情?

扫码看

> **案例解读**
>
> ### 《我们 15 个》
>
> 真人秀是当下节目市场的硬通货,无论何种类型,都有可观的受众基础,明星真人秀更是称霸荧屏。在这种环境下,《我们 15 个》的出现,用"坦率的"摄像机记录素人在特定环境下的细微生活,无疑更具开创性和拓荒性。365 天全年无休的节目呈现,对真人秀的类型多样化来说也具有实验意义。
>
> 返璞归真,似乎是对《我们 15 个》较为贴切的形容。这种"返璞归真"不仅体现在节目中 15 个素人生活方式的"复得返自然",也代表了真人秀节目形态的复归。真人秀自诞生以来备受观众追捧,因为它契合了观众的观赏心理。一方面,真人秀节目像一个窗口,观众借此看到了社会中万花筒般的生活和形色各异的人,满足了好奇心与求知欲;另

一方面，真人秀也像一面镜子，构建出一个拟态社会，观众通过对他者生活的观照和对自我情感的投射，获得人生经验的总结和升华。

《我们15个》的一个特点就是试图构建出一个微型人类社会，其情境是对现实的简化和仿造，但它的运行规则与现实社会无异。15个性别、年龄、性格、职业、籍贯各不相同的人，需要在一座荒无人烟的平顶之上生活一年，他们不仅时刻面临着生活压力，还要想方设法实现自我价值的裂变。在这个过程中，他们会一直处于与自己、与他人、与自然的对话和博弈，通过不断的碰撞、冲击与和解，实现全新生活方式及文化生态的搭建。例如，15个"素人"入住第一晚，就面临了一个重要难题——如何在野外靠枯草生火，煮饭果腹。尽管这15个人各有所长，却最终未能完成这项挑战，最后只能靠自备干粮充饥。

为了让平顶之上的生活具有内在张力，15个人的遴选是重中之重。《我们15个》海选招募时，报名人数近十万，通过层层筛选，最后留下了这15人。选角导演表示，"典型性"是他们优先考虑的最重要标准，几乎每一个人都能代表其所处的年龄层次、社会地位，"我们就是想要让观众在15个人中，找到情感投射和自己的影子"。

虽然对每一个人的"平顶前传"的呈现时间有限，第一期节目却通过寥寥的镜头片段，勾勒了有血有肉的人物形象。这些人中有来自山东农村的打工仔郭道辉，有90后的退伍军人孙铭，有毕业于哈佛大学的在读心理学博士宋鸽，还有44岁的童颜辣妈张婷媗等。他们的个性呼之欲出，又极具典型性，是观众"熟悉的陌生人"，由此也使平顶之上具有了"社会模型"的即视感。

对中国观众来说，网络全天候直播和手机App观看也是一次新奇的体验。腾讯视频直播开启后，当天晚上接近零点时分，依然有十多万人同时在线观看，六万人参与讨论，一天后，腾讯视频同时在线观看人数已达到300万。

五、游戏

游戏环节曾是 20 世纪 90 年代中国电视综艺的创新亮点，虽然时过境迁，但游戏的元素及其带来的竞技行为和感受，特别是竞技的普遍化、视觉化、户外化、人格化等，却着实引领了新一轮的综艺潮流。

很多游戏本身就可以构成一档节目的选题来源甚至基本形态，比如剧本杀之于《明星大侦探》，密室逃脱之于《密室大逃脱》，狼人杀之于《饭局狼人杀》，水上闯关之于《男生女生向前冲》，等等。从日常社交游戏中，也许就可以找到综艺化开发的支点。

扫码看

> **案例解读**
>
> ### 《小骑手！冲啊》
>
> 伴随着经济的迅猛发展和国民生活水平的提升，新世代的年轻父母在育儿方面开始投注更多关切，子女教育已然成为当下中产焦虑的源头。作为时代镜像的综艺节目也在内容创作中斐然向风，亲子类节目陡然走俏，蔚为大观。纵观喷涌而出的亲子类节目，在题材布局上各有侧重，细分落点也略有不同，有的呈现代际关系，有的展示少儿才艺，还有的聚焦萌娃与萌宠的互动。整体而言侧重"萌系"文化与情感陪伴，而对儿童成长中的竞技运动元素则少有关注，儿童成长体验真人秀《小骑手！冲啊》及时填补了这个空白。
>
> 《小骑手！冲啊》以儿童平衡车竞速为主题，聚焦学龄前 2—5 岁孩子的运动能力，选取时下风靡中外的儿童平衡车运动作为核心内容，重点记录英勇小骑手的炼成之路。儿童平衡车对幼儿平衡感有较为综合的训练，因而被视为早期启蒙训练的重要手段。目前，国内儿童平衡车也有广泛拥趸，但将之作为综艺题材，《小骑手！冲啊》则是第一个。

《小骑手！冲啊》选择"平衡车竞速"作为节目核心，是看中了这项运动所具备的"低龄参与""训练系统""比赛成熟"等特点，而竞技中的疾驰如风和扣人心弦，也为观众献上了具有视觉奇观和情绪张力的内容元素。如果说，传统亲子类节目更侧重展示儿童"萌系"文化的话，《小骑手！冲啊》则走出了题材舒适区，更多表现了少儿的"酷系"文化，给观众带来耳目一新的观感。

在视角选择上，《小骑手！冲啊》也别出心裁，节目以爸爸视角为创作初衷，这与亲子关系中父亲相对缺位的社会现实遥相呼应，节目希望通过这一酷燃的体育运动吸引爸爸们的关注，让爸爸们能更多地陪伴参与孩子的运动生活。此外，在呈现主体上，《小骑手！冲啊》也力图与传统亲子类节目形成区隔。此前的一些同类节目，尽管打着亲子的旗号，却常常陷入"泛成人化"或明星喧宾夺主的误区，使孩子沦为成人的附庸。《小骑手！冲啊》中的主角则全部为2—5岁的幼童，内容主体也均为小骑手们的生活和比赛，真正实现了节目内容的主体性回归。

不落窠臼的题材取向，为《小骑手！冲啊》的深度开掘奠定了良好的基础，制作创新则令这档节目进一步脱颖而出。在形态设计上，《小骑手！冲啊》发挥了体育比赛固有的优势，流程环节层层递进，具有内在的叙事动力。从节目整季框架来看，12 名儿童平衡车小骑手从上千名报名者中脱颖而出后，第一次离开父母，成为预备骑士，入住骑士城堡。与此同时，他们被分成两支小队进行赛前的集训。训练期间，将有 3 名黑骑士对他们发出 3 次挑战，每次挑战赛 12 名小骑手中只要有 1 人超越黑骑士，追风骑士团就可获得胜利。而集训结束后，所有的小骑手都将接到总决赛邀请，获得骑士勋章最多的小骑手，将前往终极赛道与最强黄金骑士进行终极对抗。

这样的节目模式，突出了体育竞技的对抗性和悬念感，使得节目结构整饬，节奏紧凑。而《小骑手！冲啊》在竞技之外，又充分吸收了真人秀的纪实元素，在"骑士城堡""骑士训练营""挑战赛场"的不同场景，为观众呈现了小骑手生活中的真实一面。真人秀的一大魅力在于可控之中的"失控"，而天性解放的儿童正是这种"失控"的最好载体。《小骑手！冲啊》巧用这种计划外的"发生"设置情节，这些非预先设计的内容,为节目制造了不少神来之笔,使得节目悬念迭起,可看性十足。在场景布局上,《小骑手!冲啊》设置了不同的关卡,如雨林穿梭、赛道冲刺、丛林竞速、海滩冲沙、泥地越野等,一方面给小骑士们制造了一些需要克服困难的严峻环境,另一方面,不同空间也极大丰富了节目的视觉表现力,观众跟随着小骑士们的飞驰移步换景,感受着层次分明的视觉冲击。

六、神话与传奇

神话与传奇是各国家各民族叙事的巨大富矿,在千百年的故事生产中近乎成为源头活水般的存在。列维·施特劳斯在研究希腊神话时指出,希腊神话通过千差万别、面目各异的故事,呈现某种潜在于其社会文化结构中的矛盾,并尝试予以平衡或提供想象性解决。可以说,神话、传奇及民间故事等构成了今时文艺创作的叙事原型,包括综艺节目在内的大众文化形态,均可从中取材。

案例解读

《七十二层奇楼》

近些年,综艺节目形态不断更迭,产生了很多类型细分的节目样式,但在叙事修辞方面,变化却相对不大。剧情式综艺的出现是国产综艺叙事难得的自我更新。剧情式综艺的魅力在于弱化了真人秀假定性和真实性的边界,把节目参与者放到虚拟情境中,通过逻辑自洽的情节结构设定,一次次将参与者置于危机和障碍中,通过对戏剧冲突的化解推进叙事进程。

剧情式综艺正在成为一种创作风尚,《七十二层奇楼》打出了"沉浸式"剧情真人秀的旗号。该节目理念源自于一个神秘的历史故事,节目组通过设置实景+虚景营造了一个虚拟时空,五位嘉宾接受节目组的邀请去寻找古籍《天工秘术》，叙事进程随着嘉宾的"寻找"徐徐铺展，而情节也游走在虚实之间，给观众以身临其境的代入感和沉浸感。

可以说，《七十二层奇楼》在剧情的尝试方面步子迈得很大，很多情节上天入地，脑洞大开，就想象空间的拓展方面为综艺节目的玩法开辟了一种可能性，这也是节目组在创新真人秀中的不断求索。据了解，《七十二层奇楼》项目团队多达1300人，从选景、置景到道具都是影视剧级别的，选景地点包括湖南张家界、浙江宁波象山、宁夏中卫沙坡头、山西运城、陕西西安、福建厦门、四川成都等。第一期节目里248个感光眼睛组成的墙壁，3000多条板凳铺成的板凳村，第三期节目里450个水缸、360个水球营造的梦幻景象，还有第四期节目里脑洞大开摆在地上的400个仙人球，都是节目组满满的创新，只为制造出最逼真的沉浸式剧情的效果。

在当下的媒介环境中，严重超载的信息洪流常常会让年轻受众止步于浅阅读、娱乐化消遣，作为强势传播渠道的电视理应承担更多文化责任。而文化应当以何种姿态介入综艺，是电视人需要思考的命题，过于严谨容易流于刻板说教，而过度娱乐又容易消解内涵。该节目在用综艺外壳包裹文化内核方面进行的尝试，或许可以提供一种参考。

《七十二层奇楼》的嘉宾们为寻找《天工秘术》踏上一段奇幻之旅。在奇楼里，传统文化元素并不是装饰和点缀，而是贯穿于节目中俯拾即是的内容构成。在海上，匠人耐心地教吴磊和王小利造船术，讲解中国古代独有的"榫卯"技艺。在沙漠，神奇又复杂的古代天文学"二十八星宿"化作竹竿组成星盘，成为嘉宾要寻找的线索。奇楼的第六层，《论语》串起了中国式成长，众嘉宾化身兄弟姐妹，从破壳而出到长大成人，重新体验人生课程：有"知者不惑，仁者不忧，勇者不惧"的人格修养，有"温故而知新""知之为知之"的学习态度，也有"士不可以不弘毅，任重而道远"的责任感。到了第七层，嘉宾们来到了中华农耕文明和二十四节气的发源地云丘山，用一天的时间体验四季更迭，捉鸡授粉蒸花馍，用辛勤劳动创造幸福生活。此外，节目中充满富于视觉奇观色彩的非物质文化遗产，如板凳龙、走马灯、"宫商角徵羽"音律、古代造船术、孔明灯等，传统工艺和文化星罗棋布。这些

> 涉及中华传统习俗、孝义之道、历史掌故的主题，通过创作者的巧思，与情节有机组合，在潜移默化中带给观众文化体验。

综艺节目选题策划充满着艰辛和困难，在策划初始阶段常是"一无所有"，且最终选题成功率也较低。发掘选题时不仅要顾及个人兴趣、社会需求和内容平台调性，还要照顾客户、广告商、观众等各个主体的需求而不断修改打磨，但正是这些未知和痛点，成就了这个领域的莫大魅力。

本章思考与练习

1. 融媒体时代，一名优秀的综艺策划人需要具备哪些素质？
2. 在你看来，还有哪些寻找综艺选题的路径？
3. 以"衣、食、住、行"四个维度为标准，讨论这四个领域目前都有哪些综艺节目，还有哪些精细维度尚未被开发。请以此提出你的选题方向。
4. 青年文化与大众文化的区别是什么？还有哪些青年文化的细分领域尚未被综艺制作者开发？
5. 请以具体的综艺节目为例，思考综艺节目如何结合时事热点和社会议题，提高节目的时效性和话题性。
6. 在综艺节目中，嘉宾的选择对于节目效果的影响有多大？请结合实例进行分析。

第四章

融媒：综艺节目制作的新时代命题

学习目标

通过本章学习，了解在全时段、圈层化、交互式的新媒介环境下，大众内容消费习惯的演变。明确内容平台面对"万物皆媒"的传播语境，如何调整平台运营策略和内容布局。学习如何利用新技术降低内容行业的准入门槛，以及这些技术如何影响视频生产和全民娱乐。

关键术语

万物皆媒；内容消费；视频化生存

在内容喷涌、信息过载的媒介竞争背景下，大众内容消费习惯呈现出全时段、圈层化、交互式等特点，"万物皆媒"俨然成了这个时代最典型的传播语境。简单来说，就是需求侧越来越分散，供给侧越来越多元。因此，所谓"爆款"内容的生产、传播逻辑也随之发生改变。对内容平台来说，找到"观众去哪儿了？""观众喜欢看什么？"并随之做出相应的平台运营策略内容布局调整，或许比苦心孤诣于在传统电视的长视频逻辑中孵化爆款更显紧迫。

关于"观众去哪儿了？"的问题，在大屏、网络视频及短视频的流量分割战里，大屏虽仍坐拥最大体量的观众规模，但大幅收缩的开机率对比视频网站、短视频平台持续增长的日活用户量，显然已成明日黄花，大众视频消费习惯正在加速向移动端靠拢。正如尼葛洛庞帝的预言："今天的媒体业巨头明天拼死也难以固守他们的中央集权帝国，技术和人性两方面力量的结合最终将在取得多数支持方面占据更强的优势地位。"同时，随着视频制作、传播技术的进步不断降低内容行业的准入门槛，视频生产不仅成为互联网巨头商业大战中的重要变量，也成为全民娱乐、社交沟通的新方式。

如果说 PC 互联网时代，受限于技术发展，传播场域中受众还是"图文化生存"的话，进入移动互联网时代，我们不期然进入了"视频化生存"时代。人民日报中国品牌发展研究院将 2020 年定义为"中国视频社会化元年"，更直接的说法则是，我们正身处"全民视频时代"，这样的时代"不仅意味着人们以视频这样一种符号方式存在与互动，也意味着人们日常生活的媒介化。缺乏文字表达能力的普通人，也容易凭借视频产生存在感"。在这样的行业格局下，卫视综艺要重新找回昔日荣光，首先要认清行业竞争格局以及新格局对大众内容消费习惯的改变，其次是根据行业背景及用户变化做出平台定位、运营策略、内容布局的调整，最后要敏锐捕捉新逻辑、新技术、新思潮给内容创作带来的可能性和想象力，理顺内容原创的现实进路。这三条或许是卫视勇立潮头，生产符合新世代主流趣味的节目，成为新秩序下内容行业规则制定者和引领者的终南捷径。

一、全新竞争格局和变化趋势带来转型机遇

过去几年，文娱内容行业新玩家、新玩法层出不穷：凭借 2017 年前后的《中国有嘻哈》《创造 101》等网络综艺，视频网站以资本动力开启行业称之为的"超级网综时代"，开始在内容质量、平台声量上与电视大屏分庭抗礼。抖音、快手等短视频平台在移动互联技术的推动下，以"大数据""算法"智能推送内容瀑布流，自建城池并孵化了具有全民影响力的网红达人，创新直播带货、内容电商等新型视频变现形态，改变了大众消费视频内容的习惯。传统电视平台作为老牌强势媒体，虽及时调整打法、战略，却仍被左推右搡，力有不逮，在内容创作、用户占领、商业转化等多个维度的较量中频频败阵。

但在 2020 年前后，风头正劲的行业新玩家们因新冠肺炎疫情被按下减速键。新冠肺炎疫情对于内容行业来说既是一次大考，考验各家平台的存量、创新、应变能力，也是一次关于未来竞争的彩排预演。在这场预演中，视频网站暴露出内容供应链脆弱、反应速度迟缓等问题，加之行业监管等客观条件，视频网站"烧钱大战"难以为继。根据 CTR（央视市场研究）中国城市居民媒介

消费行为调查数据，相较于其他媒体，居民对电视媒体的信息关注度与信任度远高于其他媒体，有27.7%的城市居民认为电视媒体的信息是最可信的。在疫情的关键时刻，电视媒体的权威性和媒体价值获得充分彰显。换句话说，电视大屏暂时仍占据优势，但视频网站、短视频对用户心智和内容消费习惯的改变已深刻发生。

（一）内容消费全时化、全景化

移动互联技术和智能手机的普及让随时随地观看内容成为生活常态，视频网站和短视频等新玩家由此入局。内容获取渠道拓宽，内容消费入口从客厅转移至手机上的各类App，用户注意力被切割得愈加零散。"客厅文化"为主导的时代，海量观众注意力更容易形成聚拢，从而在特定的时间节点中通过议程设置，制造传播沸点与热门话题，而移动场景中，所谓"爆款"的生成逻辑发生了变化。"客厅"场景加速消失背后，是电视黄金时代内容"线性序列传播"方式飞速向移动互联场景下"非线性多渠道分发"迭代。时空固化、转瞬即逝且单一排他的频道化传播逐渐被时间灵活、地点灵活、多屏共享的网络化传播所替代，频道已经成为视听传播与消费中被架空的一环，在时间的碎片化、地点的移动化和内容保存的容量和延时性等方面均无法适应新媒体影响下变化的受众需求。一部剧集或综艺所能创造的"万人空巷"的文化时刻，正在向以意见领袖或创作者发起的"话题""二次创作"等演化，这是技术进步带来的不可逆变化。对电视大屏来讲，优质内容的竞争不单单是内容质量的比拼，还有对内容入口的争夺。

（二）内容消费多元化、圈层化、数据化

这是互联网"非线性多渠道分发"带给内容创作、传播、消费的必然变化：一方面，从电视到视频网站到短视频，内容和人的关系从被动接受到主动选择再到个性推送，用户主观选择权日益放大，内容消费愈加个性化，相似趣味的群体再次"部落化"，聚集形成圈层；另一方面，传播逻辑反过来影响内

容生产，在视频网站和短视频平台上，只要某一个特定圈层群体愿意为内容付费且支持内容盈利，创作者为特定圈层群体提供内容也未尝不可。按照美国《连线》杂志主编克里斯·安德森于2004年提出的"长尾理论"，当商品的储存、流通渠道足够丰富时，任何以前看似市场需求极低的"冷门"产品，只要有人卖，就会有人买，甚至其占据的市场份额可以和主流热销商品相匹敌。长尾理论对于当下的重要意义在于，当互联网成为整个社会的基础设施，传统商业领域的"二八法则"开始被冲击。过去创作者偏爱主流题材，忽视细分垂直，而互联网则让垂直题材显现出了不输主流题材的能量。这或许可以解释《中国有嘻哈》《这就是街舞》等垂直题材在互联网成为圈层爆款的原因，也可以回答"电视综艺和网络综艺的本质区别"。

（三）短视频将观众审美带回电视"草创初期"

从内容质量而言，短视频普遍并不考究，多数是以自然主义风格对生活原生形态的截取或提纯，更简单、更原始、更直接。受限于制作能力、表现手段以及"短"的本质属性，短视频整体水准参差不齐，且大都以配音解说及第一视角的记录为主。由此带来的最大变化是内容的个人风格极其鲜明，且无繁复的形式，多是直陈其事。正是由于观众心智被大量短平快、趋向官能刺激的内容驯化，传统电视内容发展过程中衍生的繁复形式、套路逐渐与用户需求形成错位。但这对电视媒体来讲，反而是一个积极的信号，因为市面上所有的内容形态，无论是以长、中、短的时长划分，还是以制作形式划分，均未曾超越传统电视的体裁、题材、修辞等范畴，电视从业者做过的所有内容探索，都可以用符合当下观众习惯的手段和理念重新做一遍。

（四）更丰富的交互体验

视频网站的拖拽、回看、弹幕，以及抖音等短视频平台的上滑、评论、直播连线、抽奖互动等功能，都让用户内容消费的互动性日渐增强，只能观看的电视在这样的竞争格局中显然没有优势。增强电视的互动体验，除了锚定5G、

VR、AR 等新技术在内容层面带来的穿屏、融屏等玩法之外，回归电视本体，从一块一块屏幕、一个 24 小时不断线的内容主体出发进行探索，或许会带来新的内容形态以及想象空间。

综上，当下的内容行业生态迎来了难得的稳定期。表面看来，省级卫视的对手是由资本、技术裹挟而来的新玩家，但核心问题仍是对观众/用户注意力、时间的争夺，也就是所谓的"抢人游戏"。在这场新环境下的竞争中，优质、稀缺内容的价值会被无限放大，这是掌握创意人才、制作优势的省级卫视审时度势、调整战略定位、谋划新打法的绝好时机，也是全国各大卫视谋求转型、寻找新站位的绝佳窗口期。

二、重构大屏价值：找准新格局下新站位

当视频行业资本盛宴及技术革新带来的刺激感、新鲜感过去之后，用户开始意识到文娱消费的本质仍是优质内容本身时，掌握内容优势的传统电视平台就迎来了弯道超车、实现价值重构的窗口期。

电视平台的本质媒介属性是全时段线性直播，除此之外的所有旧思路、旧方法、旧策略都可以改变。各大卫视已清醒地认识到直播的价值，并尝试以直播作为核心进行内容创新，这是非常具有前瞻性且符合平台本质规律的趋势创新。但除此之外，在新的媒介生态下，有几个问题亟待电视从业者思考与厘清：电视只能安置在客厅里吗？电视只能"看"吗？用长、中、短时长划分内容，对电视平台来讲真的有意义吗？

除线性直播的媒介属性之外，从业者还要认识到电视大屏作为传统强势媒体的内容制作优势：一是对内容品质的精准把控以及完备的内容生产闭环；二是电视的合家欢属性，先天具有跨代际、破圈层的文化潜能；三是电视平台（尤其是湖南卫视等）目前仍是节目创意人才的最大聚集地。因此，以湖南卫视为代表的省级卫视在新格局下的站位，必定是在遵循电视大屏的媒介特性的基础上，盘活并发挥内容创作的优势，借此回到内容创新的最前沿。可以从强化直播属性赋能时段、扩张电视大屏收看场景、从频道到直播平台布局内容新大陆三个层面着手创新。

(一) 发掘直播共时、陪伴优势，强化平台人格属性

电视曾被称为"现代影像的神龛"，"看电视"曾是一件极具仪式感的家庭行为。而早期直播晚会、直播剧的内容形态在仪式感之外，也带给全国观众"天涯共此凉热"的新鲜体验，基于此产生的茶余饭后的讨论形成了电视最早的社交属性。在当下技术条件下，直播的价值、上限以及优势是什么？可以带来怎样的内容想象空间？参考网络直播的各类内容形态，如火爆一时的直播答题，秀场主播的连麦、打赏、抽奖互动，直播电商的"卖场模式"，可以总结一些启发。

第一，直播的前提基本建立在"主播"极强的个人 IP 上，做直播的"人"极其重要。直播带货让我们认识了很多人气主播，对应比较的话，一直都在直播的卫视又是哪个"人"呢？因此，在当下的竞争格局中，加强频道的人格属性显得尤为重要。从业者或许可以转变思路，从思考"某卫视是什么？"到思考"某卫视是谁？"，进而以更具人格化的频道形象与时代共振，与观众紧密链接在一起。

第二，技术进步的指向统一于增强直播的互动可能性，评论区形成自然的公共讨论空间，满足用户社交体验。各类互动玩法加强直播的娱乐性，看直播不再只是视听行为，而是调动视、听、触等多个感官的丰富体验，这是以往电视直播所不及的。视频网站甚至抖音等短视频平台还提供"一起看"服务，即分享视频链接，邀请特定好友同时观看同一视频，建立私密社交空间。同娱、微光等主打视频社交的手机 App 推出了私密视频房间热度排行等功能，即游客可以进入某个视频房间，点赞或者在评论区留言，对综合热度进行排名。这至少有两点启示：（1）建立电视"云客厅"。更紧密地链接电视观众（比如扫描二维码进入频道专属的网络讨论区有效互动），可以带来更加丰富的内容创作形态。（2）进一步思考电视大屏的功能，即："电视只能看吗？"抖音曾推出"假窗挑战"，也就是在深夜用投影仪在墙上投射出各种自然风光或者城市夜景的隔窗影像，营造孤独的陪伴感，获得近两千万的播放量和各个大 V 的争相模仿，很难说这不是一种新形态的热播内容。如果电视大屏发起具有全民影响力的事件，或许可以催生一种新的电视内容形态。

> **案例解读**
>
> ### 《一起下厨房》
>
>
> 扫码看
>
> 在线直播无疑是当下视频行业的重要赛道，直播综艺也许是行业解决自身内容瓶颈的终南捷径。如何将直播与综艺结合以寻求化学反应，各个平台均在探索，由央视频打造的《一起下厨房》就提供了不错的范本。《一起下厨房》是央视频的首档直播真人秀，就题材来说则是一档美食类慢综艺，节目通过不断流直播，打造了享受厨房美味，颇具烟火气的田园生活。整体而言，央视频《一起下厨房》在创新形态、价值坐标及运营机制等层面，对综艺直播及陪伴式直播进行了有益的尝试，其创新策略值得总结。
>
> **1. 形态创新：场景多元、类型融合与任务驱动**
>
> 《一起下厨房》是一档不干扰不设限的直播真人秀，但"直播录播不 NG"的制作原则，并不意味着主创对节目的无控制与无安排，相反，在看似随意的行动线中也能看出编导思维的"在场"。《一起下厨房》的形态创新主要体现在场景设置、主题确立与任务驱动三个层面。
>
> 就场景来说，与大多数棚内直播不同，《一起下厨房》的鲜明特色在于户外场景的构建。棚内直播总有视觉终点，户外直播则让用户从逼仄的棚内视觉空间中解放出来，通过演员移步换景的方式形成陌生化观感。
>
> 《一起下厨房》整体设定了一个 100 亩的"田园 + 露营 + 厨房"的全新场景，主要分解为三个空间，包括厨房集装箱空间、吃饭休闲空间以及农业生产空间。事实上，不同的空间正标识了不同综艺类型元素。如厨房空间就对应着美食节目类型元素，在这个空间中，主持人季小军、张腾岳、杨帆、小鹿姐姐以及众多节目嘉宾亲自下厨，利用各地特色食材做出创意料理；吃饭休闲空间则对应着谈话节目、游戏节目等类型元素，梁植、赵英男、钱丽婧、蔡成组成"干饭家族"负责把控节奏，引导每期飞行嘉宾交流、表演或游戏互动。

而农业生产空间，则是节目最大亮点——"田埂厨房"，即田园与厨房的有机结合。通过分区，比如鸡鸭鹅宿舍、果园、菜园等，由年轻艺人体验专业的农耕劳动，打造了一个春夏之交的农田景观，潜移默化地输出共建美丽乡村的价值理念，讲求从食材生产到美食体验的全过程。

就主题来说，《一起下厨房》单期节目有明确设定，每期都以美食本味为题，第一期是"时尚田园的水果派对"，第二期是"全是硬菜夏季运动会"，第三期是"田埂上的调味音乐会"，第四期是"用火锅把烦恼都吃光"，第五期是"我和我的家乡胃"。食物类型上冷热荤素一应俱全，而从主题名称上也可以看出节目调性的轻松活泼、富有创意。这些别开生面的主题设定为每期节目确立了风格基调、话题线索与任务总纲。

此外，与当期节目主题呼应，每期《一起下厨房》也配置了相应的田园任务，如第一期除草打理苹果园，第二期扎稻草人保护菜园，第三期应季蔬菜种植，第四期逛集市买种子和抓鸡、取鸡蛋等，这些与日常乡土生活密切结合的任务驱动，摆脱了大多数直播综艺过度依赖主播个人表现的困境，让人物有了更加明确的行动线，有章可依、层层递进，构成了可视化较强的叙事段落。

2. 价值赋能：乡村振兴与温暖治愈，直播综艺的意义生产

《一起下厨房》对节目的价值赋能主要体现在三个方面：首先，《一起下厨房》保有乡村振兴大主题的主流价值观念，是美食文化、乡村文化、绿色环保等诸多概念的有机结合。节目中出现的各地食材，如湖北小龙虾、内蒙古炒糜子、开洋蒲菜等都是极具特色的不同地域食材。节目强调食材的原产地属性，通过年轻艺人的助推以及时尚语态的包装，助力农产品形象年轻化，进而推介中国好食材，用颇具创意的方式为乡村振兴注入新动能。

其次，《一起下厨房》节目倡导"守拙归田园"的理想生活方式，强调慢下来更好地享受生活，在舒缓轻松的节奏中让观众形成沉浸式情感代入。田园牧歌式的户外景致、色香味俱佳的治愈系美食、三五好友的交心夜话，给观众呈现了一片对抗焦虑、摆脱尘累的精神乐土，帮助他们消解"快时代"的压力，使得直播综艺能够以建设性的姿态，成为社会焦虑心态的减压阀。

最后，《一起下厨房》还打出了"不插电美食"的全新概念，借用了音乐中"不插电音乐"的原汁原味的概念，倡导在厨房里享受生活，做到"不外食、不外卖、不速食、不开袋即食"四个原则，以及使用时令食材、保留本味的烹调方式，唤起每个观众回归厨房的初心，并关注节能减排、垃圾分类、健康环保的生活方式。

3. 运营赋能：平台系统机制加持，助力节目实现用户聚拢与话题发酵

在巨头林立的在线视频行业，一档节目的成功不仅需要内在品质的上乘，也离不开平台的强力运营加持。《一起下厨房》依托央视频平台领先的运营机制，在技术支撑、内容分发与跨屏联动方面，为直播综艺提供了全新的运营玩法。

从技术上说，央视频在主流媒体中第一个建成了 5G 智能化媒体中台，"大中台 + 小前台"的架构设计为新媒体内容生产提供了有力的科技支撑。在《一起下厨房》中，央视频应用强大的"云服务"平台和 5G 直播技术，为用户呈现了 7 个小时流畅清晰的伴随性直播。事实上，不仅是《一起下厨房》，央视频在平台内容生产中均巧妙借力技术，深耕前端呈现与用户体验。如欧洲杯期间，央视频依托官方权威数据，开发欧洲杯专属电子节目单（EPG）功能，用户可依据观看习惯、观看喜好等定制"专属节目单"。除此之外，央视频还开设多视角直播，用户可根据喜好在赛事现场、战术布局、球员跟拍、替补席等不同视角之间进行自由切换，开启 360°沉浸式观赛体验。

在内容分发中，《一起下厨房》也充分发挥央视频融媒体优势，形成了"直播点播关联""以短带长"的组合拳式打法。与大部分体验类真人秀不同，《一起下厨房》率先进行集中时间的不断流直播，直播镜头遵循纪实逻辑，真实记录嘉宾们深入体验乡村美景美食的全程。直播版播出后，海量素材沉淀为符合叙事逻辑的精编录播版，节目形成"直播+录播"一体两翼的强大传播势能。与此同时,央视频基于节目进一步衍生分割,形成更多短视频进行碎片式传播,持续助推热度,形成了"小快灵"式的传播格局。

央视频不仅是内容聚合与分发平台,更是一个视频社交媒体,因此,强化社交属性与用户交互是题中之义。《一起下厨房》在直播过程中,用户始终可以参与直播内容的生产,即时评论或互动,实现了独特的陪伴式体验。整体而言,央视频通过《一起下厨房》的形态创新、价值提升与运营升级,对直播综艺的玩法进行了很好的破局。

(二) 跨屏"战场":扩张电视大屏收看场景

"电视,只能是客厅的电视吗?"思考这个问题的意义在于,传统电视的编播策略是基于客厅收看的单一场景,但内容消费的场景已被技术改变。从抖音、快手等短视频平台单日粉丝活跃时间来看,全天呈上升趋势,且从每天下午一点开始,活跃度陡升。移动互联技术和设备的普及让全天候内容消费成为可能。同时,从便捷性和使用频率来讲,手机的优势是客厅电视无法比拟的。

另一方面,视频网站在积极布局腾讯极光TV、爱奇艺奇异果TV等大屏应用,同时用内容、营销等玩法引导用户回归大屏,抢占客厅。央视频、微信与微博视频号直播也让随时随地收看电视直播成为可能,这是内容行业的"正在进行时"。由此可见,当下竞争不仅是内容本身的竞争,更是入口的竞争,制胜关键不仅有客厅的遥控器,还有手机屏幕上的App入口。电视从业者不仅要牢牢守住"客厅那块屏",更要主动出击,抢占观众"手上那块屏"。这场跨屏"战争"对电视平台来说,不仅是进入真正的主战场,更是弥补电视平台的最大软肋,走出客厅,接入移动端的重要一步,由此构建全新的平台,布局样貌巨大的内容想象空间。

> **案例解读**
>
> 《我想和你唱》
>
> 　　湖南卫视推出的《我想和你唱》依靠"超强互动、星素结合、轻松好玩"等手段，不再拘泥于选秀模式或是炫星比拼，为棚内综艺未来发展提供了更多想象空间。
>
> **1. 技术驱动：互动不再只是点缀**
>
> 　　从 2005 年《超级女声》率先开启手机短信参与节目竞赛的序幕，到 2014 年光线传媒耗资千万引入以色列爆款模式《中国正在听》，以手机 App 作为投票工具进行素人歌手竞技的评比，多年来，构建屏幕外观众的"互动"体验一直是节目制作者孜孜以求寻找突破的方向。
>
> 　　但结果似乎并不理想，由于技术手段欠佳，创作理念偏狭，过去电视节目的互动效果通常沦为可有可无的点缀，在用户至上的"互联网＋"时代，节目的传统互动方式也亟须迭代。
>
> 　　技术更新使得新型互动方式成为可能。湖南卫视洞悉台网合作的节目创作形式，制作出一档以超强互动为吸引力、多平台运作为支撑点的全民狂欢嗨唱的音乐类综艺互动节目《我想和你唱》。湖南卫视联合湖南广电投资入股的新媒体平台芒果 TV、唱吧 App，以开放性的台网合作模式进行网络资源的电视化输送，以拥有 3 亿装机量的音乐社交互动平台作为电视节目社会化思维拓展的支点，进行"电视＋互联网"的初步拓展，通过网络用户与电视观众的跨平台互动，实现电视节目内容、形式层面的超强联动。
>
> **2. 星素结合：素人的明星化塑造**
>
> 　　近年来，星素结合成为了众多娱乐节目提升关注度的重要路径。星素结合内蕴着个体精神的崛起，是一种撬动收视爆点的手段。
>
> 　　相比很多节目对"星素结合"的生硬拼凑，《我想和你唱》明星与粉丝元素的糅合水乳交融。通过较低门槛的移动平台，大量素人观众可以轻易地参与节目素材的拍摄。只需要一台装有相关 App 的手机及稳定的无线网络，就能将想要追求音乐梦想的素人与明星的对唱视频上传。

这种对于"星素结合"的强调，以恰到好处的方式借力明星艺人，帮素人实现走向音乐舞台的梦想。

湖南卫视《我想和你唱》每期均会邀请总计18位素人对唱者登上舞台，不再以明星艺人作为节目呈现的重点，而是将这些来自平凡背景、拥有非凡故事的素人群众作为表现的主角，力求实现素人的明星化塑造。音乐作为核心元素，使星素之间的巨大落差与距离感被抹平，实现了真正意义上的平等化对唱。这种明星化塑造也使得电视观众登上舞台的心理诉求得到满足。

3. 轻松好玩：网感的电视化呈现

网络综艺的风起云涌，满足了大量互联网原住民的观看诉求，也为电视综艺实现转型提供了经验。《我想和你唱》基于湖南卫视、芒果TV与唱吧App的年轻化受众基础与全媒体优势，在明星素人的角色塑造、舞美设计与节目包装、后期剪辑逻辑方面，都更加注重网感的电视化呈现。节目力求核心要素音乐动听的同时，也想通过创新综艺节目语态、引入互联网思维的方式营造轻松好玩的节目氛围。

节目中，参与星素对唱的选手更多的是自带网红体质的素人。节目进行选手选择的时候一般会参考芒果TV、唱吧点赞数，这种挑选标准基本上符合网络原住民的喜好。现场揭晓结果时所营造的悬念感，也成为促使观众产生竞猜心理的收视爆点。例如首期节目中的"民工黄致列"遭淘汰令人意外，也侧面加深了观众对于节目对唱素人挑选的记忆点并引发好奇心。

后期剪辑在塑造轻松好玩氛围的过程中作用极大。节目力图以真人秀的方式进行棚内综艺节目的制作，弱化流程的强硬牵引力，凭借主持人、鉴客团同明星与素人的交流互动推进叙事进程，以自带暂停、快进、重复等"鬼畜"效果进行常规对话剪辑，从录制的素材中挖掘剧情化元素进行简单建构，以反差与搞笑的特质强化节目内容的趣味性与可看性。

（三）转型为"优选内容平台"

如上所述，当全天候收看电视成为可能，电视从业者或许可以借鉴互联网思维，将电视台的"24小时"看作时间维度的"内容货架"，打破传统黄金档、早间档、午夜档等档位概念，重新思考每个时段的引流潜力，赋能时段，创造价值。

如果说视频网站是"自助餐厅式"的任君挑选、重点推荐，短视频平台是"私域厨房式"的个性推送叠加"拆盲盒"式运营，电视大屏的内容分发更像是"集体食堂"，带有某些"强制性"和"排他性"。"集体食堂"怎么制作出新花样？长沙餐饮网红品牌"文和友"的运营思路或许值得借鉴，该品牌精准把握、放大"怀旧""市井"的时代情绪和国民记忆，尊重本土文化，聚合当地特色，形成合力。除此之外，在餐饮属性之外还打造了文化、娱乐的新型消费综合体。这也给以湖南卫视为代表的省级卫视发展提供了借鉴的思路。

一是频道特色。如在全国观众缺乏娱乐的时代，湖南卫视曾用"快乐旋风"席卷全国，在娱乐之风甚嚣尘上的时候，平台转而高举"青春"大旗，而在当下青春崇拜走向"媚青"的趋势下，湖南卫视要重新成为观众的内容消费最优选，是继续厚植深耕"青春""快乐"的土壤，还是转换赛道重新定位频道调性，值得从业者慎重思考。

二是强化内容优选平台属性。卫视平台的最大优势便是对内容的把控力和制作能力。在内容井喷的市场竞争里，"观众不够用了"虽是玩笑，但也直中要害。因此，湖南卫视强调最懂观众，优选、严选"每一分钟"内容，随时随地打开电视都有获得感，为其频道造势。

三是盘活、聚拢创意人才，形成内容合力。电视、视频网站等 PGC 平台与 B 站、短视频平台等 UGC 平台在内容与用户关系上的区别在于：PGC 的内容传播是单向的，创作者和用户边界分明；而在 UGC 平台上，用户和创作者二元统一，即创作者也是消费者，因此用户对平台的黏性更强。而 PGC 与 UGC 在近两年也有融合之势："随着 MCN 热潮的兴起，内容产业出现一个重要趋势，即 PGC 和 UGC 开始走向合流。一方面，主流媒体越来越走向'账号化生存'，另一方面，越来越多的 UGC 通过 MCN 的机制变得越来越专业化。"对卫视平台来说，拿出特定时段在全频道、社会招标，与社会上的顶尖创意人才联名共创，盘活频道导演创作积极性，聚拢社会优秀创意人才，或许会为频道的创新生态及平台气质打造带来新的可能性。

四是向每个时段要价值。"电视的发展史，其实是一个时段的开拓史。"省级卫视崛起的每一步，都伴随着对不同时段价值的全新估量。在以730微综、早间凌晨的强陪伴属性内容为实验的时段之外，还应以MCN思维运营其他时段，打造强人设、强标签的新型内容。若卫视平台可以以"日更"的方式打造出属于其自身的明星，以"假窗挑战"式的全民挑战吸引观众与卫视同框打卡并在社交媒体发酵为全民事件，那么卫视频道播放、互动的每一分钟都将拥有更大价值的潜力。

三、回归内容本质创新：喜闻乐见，激发活力

"河南卫视杀疯了。"一档短短40分钟的端午特辑，无明星、无流量，甚至没有传统的舞台，却在热搜榜上停留了三天多，话题讨论超过央视及一众同类晚会，堪称近年来为数不多的现象级节目。如果说河南卫视春晚的《唐宫夜宴》还带有些许运气以及制作上的稚嫩，那2021年河南卫视《端午奇妙游》的出圈则让人们看到了内容策划上的突破传统、追求创新以及对传播规律的精准把握。将视野再放大，《你好！李焕英》《白蛇传·情》《觉醒年代》等无流量、重制作的影视作品口碑、票房异军突起，视频网站重金下注爆款，B站、抖音重金吸引优质创作者入驻，这些现象都在提示电视节目制作人，跑马圈地的资本游戏、技术玩家的新手红利过后，平台的核心竞争力依然是优质内容本身。内容创作和观众审美正在回归到人物、故事、情感这些更朴素的创作规律上来，这是内容市场的趋势，也是各大卫视的优势。电视从业者要做的就是以符合创作规律及当下市场环境和观众审美的新逻辑、新技术、新思维来盘活经典IP，理顺原创研发的创作路径，发力创建长视频优势，定义新语境下的新爆款，树立行业标杆。

（一）创新升级，理顺内容原创新路径

如果从播出的全民关注度、影响力、持续性以及节目造星、趋势引领等维度来综合评价，国内长视频综艺市场已经多年没有真正意义上的现象级国民综艺。尽管《中国新说唱》《脱口秀大会》《创造101》《乘风破浪的姐姐》等节目轮番"霸屏"社交媒体，但大都昙花一现，陷入内生创新动力不足的问题。当下的长视频综艺市场几乎仍靠着此前几年海外引进的综艺版权苦苦支撑，几近"诸神黄昏"。这固然与用户个性化、圈层化加剧等社会背景有关，但更核心的问题或许是整个综艺市场的创作路径发生了偏差——过于依赖"拿来主义"及习惯"裁缝式创作"，导致综艺节目内容原创的路径在国内一直都未实现。

在国外模式市场式微的情况下，单纯依靠引进的方式难以为继。创新升级首先要做到的是观念升级，这需要卫视平台由上而下地相信原创，尊重内容规律，而不是迷信模式。要敢给创作者信心，给创新资源支持和试错空间。安全区内只有安全牌，科学地冒险才有惊喜的可能。

（二）发挥长视频创新传统优势

长视频是卫视平台的核心竞争力，但也进入了最艰难的攻坚期。积极的信号是不管在什么平台，制作逻辑和制作手段没有发生质的变化。对卫视来讲，发挥长视频传统优势或可从以下两点入手。

1. 重塑经典 IP

主要是更新老牌综艺的品牌活力。不可否认的是，以湖南卫视为代表的一线卫视的很多老牌综艺在制作上仍可谓国内综艺的教科书。但经过多次内容改版、升级后，这些节目在收视、传播、口碑上均不能达到预期。究其原因，或许是在陪伴了 80 后、90 后两代人的青春之后，这些节目没有成为 00 后的共同青春记忆，导致老观众流失，新观众没有对节目的认同及黏性。因此，在内容

升级之外，重塑经典 IP 的品牌理念及品牌认知显得尤为重要。如何将老牌综艺的理念和节目定位根植在当前观众心底，或可参考以下路径及案例。

（1）品牌升级，事件先行。小米"200 万升级 LOGO"引起全网群嘲，但这在传播上不仅达到了亿量级的效果，品牌的全新理念也深入人心。曾经的《闪亮新主播》选拔也是以真实大事件吸引大众关注，达到了扩大节目认知度、吸引观众回流的效果。老牌节目可以尝试每年以升级发布会的形式发布节目硬件（明星、游戏、板块、主持人等）及软件（理念、价值观等），加强节目在大众心中的认知。

（2）异业合作，超级联名。"原研哉×小米"收割了舆论场亿量级流量；"Uniqlo×Jil Sander"被称为优衣库史上最成功的联名之一，一衣难求。品牌联名已经成为经典品牌提升曝光、收割流量的惯用手法。除此之外，节目制作方还可以将思路放开，如张艺谋的《对话·寓言2047》、王潮歌的"又见""只有"系列以及人艺的经典话剧等，都走在大众审美回归精品化的趋势上。第一青春厂牌联名行业大师推出"青春艺术季"也可以带来极致的品牌张力和想象空间。

2. 发力长视频综艺新爆款

这是整个市场平台都在发力的领域，但纵观近期的内容格局，几乎是播出多季的综艺扛起了半边天，所谓的新节目也基本上"换汤不换药"，更换场景、人物、垂直领域，却继续做着同样的游戏，规则、剧本新意寥寥。长视频综艺创新需要新元素、新逻辑、新配方，但同时，节目制作方也要警惕创新不是"为新而新"，而是真的找到与当下审美和社会思潮形成共振的题材、领域，用新技术、新手法进行呈现。再以《端午奇妙游》为例，实景演出、剧情演绎融入晚会创作的手法并不新奇，但大胆地将剧情、综艺、真人秀手法贯穿整台晚会，抛弃传统舞台、主持人流程式的串联节目，就呈现出内容的新样态。比如《兰陵王入阵曲》为一首经典琵琶合奏，如果是传统晚会的操作，大抵是在舞美、道具、技术等视觉层面不断加码，加强视听感受，但《端午奇妙游》版《兰陵王入阵曲》加入了女承父业、为热爱抗争的轻剧情前传，表演过程中不断闪回父女相隔、琵琶被摔等画面，让这个表演绵延出更丰富的故事和情感力量。这就是"新配方"带来的新感受。

（三）定义新语境下新"爆款"

在新的传播环境及媒介背景下，一个短视频账号可以拥有千万粉丝，一个"假窗挑战"可以引发亿量级的全民效仿，一道"油泼虾"可以助力抖音升级为国民应用，这促使电视从业者不得不思考爆款内容在新的语境下的边界和形态。回到前文提到的三个问题："电视只能安置在客厅里吗？""电视只能'看'吗？""用长、中、短时长划分内容，对电视平台来讲真的有意义吗？"针对这三个问题，可以从技术、内容、运营三个角度对其作简单分析。

1. 以新技术带来内容革命

马诺维奇在《新媒体的语言》中提出："数字化革命的一个主要结果，是把先锋派美学策略纳入计算机软件的指令和交互界面隐喻中。"对于当下综艺借力智媒技术探索交互式的语言，其思路一脉相承。2021年湖南卫视"天猫双11开幕盛典"的双屏直播内容带货的互动玩法、爱奇艺《尖叫之夜》真人秀式的晚会形态，都是新技术带来的形态革新。再比如，AR、VR等技术当下基本用来在晚会中增强舞台秀的视觉效果，但用AR技术扫描特定图形（如频道台标），便可将台标作为入口，链接大小屏。如果再辅以LBS（位置服务）技术，那么在全国各地扫描不同卫视的台标，便可进入不同的内容界面。这在内容层面带来的想象空间无疑是巨大的。电视不仅可以看，还可以玩，甚至可以依托大屏内容进行社交，丰富大众的视听体验。

2. 解除传统电视节目形态定式

当下对电视节目基本形态的想象，普遍还停留于传统疆域。事实上，创新要打破传统认知，解除思维定式。湖南卫视高考期间的温馨角标、B站"后浪"引起的话题和关注度不可不称为"爆款"。因此，新语境下的新爆款可以不是一种逻辑严密、明星堆积、环节繁复的形态，而可以是具有传播价值的"假窗挑战"、每年一度的节点性品牌联名视频，如宝矿力的青春宣言片、各大品牌的圣诞限定广告片等。

3. 运营更偏向年轻化、趣味性

从运营角度来说，电视从来都是重内容、重编排、轻运营的。拼多多以"砍一刀"的游戏化运营思路在电商大战中突围，或许可以给电视从业者一些启示。比如"看湖南卫视"这件事可以更酷吗？扫描湖南卫视台标进入直播互动，扫码邀请朋友一起看，看湖南卫视获得芒果积分换门票等，可以用游戏化的、更有趣的方式吸引观众回流。

伴随5G技术的全面落地，智能媒体技术不断重构想象，传统媒体隐忧的未来"已来"。在新一轮的媒介发展周期中，电视似乎节节败退，唱衰论调应声而起。但电视必然走向衰落吗？结论显然下得太早。在新的媒介进化格局中，只要从受众的需求侧出发，重新发掘长视频本体优势，电视依旧有巨大的想象空间。对以湖南卫视为代表的省级卫视来说，在发力"爆款"内容之前，需要重新把握新的传播生态及行业格局，找到观众在哪里，以及当下观众内容消费的习惯变化，并做出相应的平台定位、运营策略调整，发挥频道的内容制作及创意优势，布局具有优质内容、顶级人才吸引力的内容新大陆，跳出传统长视频套路框架，用全新逻辑来定义优质内容。在此基础上，坚持走原创路径，从新的媒介格局中率先突围，完成内容及平台的转型。

> **案例解读**
>
> **《极速环游记》**
>
> 作为近年来电视市场的新物种，慢综艺颠覆了传统综艺的制作理念，以其独有的冲淡闲适风格，为大众示范着慢生活的全新可能性。不同平台纷纷介入该领域，在类型各异的细分题材中积极尝试，丰富着慢综艺的品类版图。
>
> 深圳卫视推出的原创旅行微综艺《极速环游记》，则融合时下风行的短视频形态，对慢综艺的内容与形式进行了大胆创新，扩张着此类节目的形态边界。节目中，极速主持Allan Wu吴振天作为"环游召集人"，每期向三位女性发出邀请组成闺蜜团。她们在吴振天的带领下，探访国内十个最美的世外桃源，体验当地最具健康生活感的"诗

意民宿"。

与此同时,《极速环游记》将短视频内嵌至节目制作中,在旅行中同步生产"记录式"或"挑战式"的短视频。节目对于综艺内容大屏小屏以及"长短"视频深度联动的探索,为当下电视媒体的融合转型提供了参照系。

1. 示范"慢生活"的新可能,传播社会正向价值

慢综艺的应运而生是对快节奏时代的一种精神代偿,它呼唤个体在自然天地中间重新发现诗意,找回生活的初心。深圳卫视《极速环游记》就是这样一档重唤生活诗意的节目,节目中三位小姐姐组成的闺蜜团,流连于最美的世外桃源,在放慢脚步中暂别尘世喧嚣,感悟日常之美。《极速环游记》对十个人间仙境和绝美酒店的挑选极为用心,所在皆依山傍水,遗世而独立,完全符合大众田园牧歌式的浪漫想象。

在内容的设置上,《极速环游记》也以"慢生活"作为整体理念,相比大多数真人秀推崇浓烈的戏剧冲突和繁复的环节设置,《极速环游记》更偏爱做"减法",节目中规避了强情节设计和剧本痕迹,强调对于生活本真的还原。例如,闺蜜团入住桐庐的民宿后,在享受湖光山色的美景之余,也在当地居民的指导下,体验了裹粽子、包米粿、做青团、磨豆浆等活动;在成都,闺蜜团没有选择去人气很旺的知名景点,而是去了最能代表成都悠闲惬意风格的人民公园,在这里喝茶采耳吃糖画吃串串,沉浸式体验成都慢生活的独特韵致;而在凤凰古城,闺蜜团除了乐享刀削杠子面、手工酸辣粉等古城美食外,还体验了苗族银器的打造,完成了自己的朱砂画作品。

可以说,《极速环游记》为行色匆匆的"生命旅人",示范了一种诗意生活的可能性。节目为大众提供了心灵解压和情感抚慰的优质内容,具有较强的社会观照意识和人文关怀精神,体现出综艺节目应有的正向价值。

2. 短视频内嵌成为节目板块，解锁融媒联动新方式

近两年，短视频站上风口，成为文娱消费市场炙手可热的内容形态，凭借着吸睛的碎片内容和病毒式传播，短视频源源不断地瓜分着用户"剩余时间"。在"国民总时间"的语境下，长视频如何应对短视频挤压，成为电视平台的隐忧。

但实践已然证明，视频的"长短之争"是一个伪命题，二者并不是此消彼长的零和博弈。对电视媒体来说，形成"TV＋"的整合思路，将短视频为我所用，可以撬动更大的传播势能。

《极速环游记》就解锁了电视媒体与短视频深度联动的新姿势。目前，大部分电视节目与短视频的联动形式，仅仅停留在节目播出后碎片内容的短视频分发，而《极速环游记》的独特之处在于，它以类似"戏中戏"的结构，将短视频内嵌为内容不可分割的部分。每期节目，嘉宾都需要完成不同风格的旅拍创意短视频的拍摄，同时节目和嘉宾会共同发起旅拍短视频挑战赛，通过"大屏打样，小屏模仿"的方式，调动起海量用户"同人"创作的热情。

从节目中呈现的短视频创作来看，可以说是极富巧思。如在以"尽日苔阶闲不扫，满园银杏落秋风"为命题的拍摄中，李如儒将满地银杏拢入伞中，打开伞时黄叶散落，营造繁华落尽的意境，而何泓姗则COS雷佳音吹雪，别有趣味，侯娜将银杏叶洒向天空，再蓦然回首，韵味无穷。在千岛湖文渊狮城，李艺彤和赵粤换上旗袍，款款行走在江南古城里，窈窕婀娜，仿佛穿越时光的民国佳丽。除了这些文艺味十足的创意秀，闺蜜团还在短视频中开启各种攻略和"教程"，如五分钟搞定旅行妆容，马剑越的"养生小课堂"等。在豆瓣等社交平台上，网友纷纷表达对这档节目的喜爱，如网友"小新新蜡笔"称："还能用诗来拍短视频，有创意，受教了。"网友"倾心蓝田"则表示："看完几集还觉意犹未尽，几位小姐姐吃喝玩乐、住诗意的民宿、拍美美的视频，这完全就是我们现代年轻人的旅游态度。"

与此同时，为了让用户能够轻松学会专业感短视频的拍摄手法，《极速环游记》还大胆创新，在深圳卫视广告团队主导下，节目同步推出一

款"教你如何拍出爆款短视频"的衍生知识产品,在大屏上的"短视频"播出过程中,观众可根据提示扫描屏幕下方二维码进入教程小程序。这款内容产品在淘宝、抖音、搜狐等多平台上线售卖,让更多观众掌握潮拍技能。《极速环游记》与短视频形态的有机联动,是基于对电视平台视频制作优势和短视频裂变式传播规律的深度洞察而做出的有益尝试,在真正意义上达到了融合共生的效果,为融媒创新模式下"TV+"的理念落地,找到了全新支点,值得行业借鉴。

3. 内容宣传出奇制胜,以创意精准聚焦用户

爆款的造就除了依托上乘的节目自身质量,也离不开强势宣传的助攻。目前深圳卫视在内容项目的宣传上,已经形成了系统打法,它不靠媒体渠道的机械堆砌,也不靠物料资源的简单铺陈,而是在内容营销上不断出奇制胜,以独特创意精准聚焦目标用户,力图达到四两拨千斤的传播效果。

《极速环游记》体现出了深圳卫视的创新宣传策略。首先,在传播中节目注重话题的议程设置。节目组采用了传播渠道标签化的运营方式,如在微博上垂直打造旅行攻略指南,在全网发起#极速环游记#的话题讨论,传播"活出健康美"的生活理念与节目立意。同时,《极速环游记》在传播中注重与用户的即时交互,在豆瓣、知乎等社交平台构建互动聚集地,通过用户对旅行意义、攻略、见闻等内容的分享,不断形成节目话题的衍生和发酵,从而形成"自来水"的传播势能。

此外,《极速环游记》所到之处,无不是充满着视觉奇观的人间至美之境,节目组利用自身优势,尝试了"实用+好看"的视觉营销。节目组将精美的剧照海报、以"延禧色"为基调设计的系列旅行攻略长图文,在朋友圈进行二次传播,利用社交媒体的"病毒式"传播属性,为话题传播推波助澜。

整体来看,《极速环游记》在很多层面都体现出了守正创新的姿态。在主题立意上提倡健康的生活方式,在制作形态上敢为人先地将短视频嵌入节目,同时创新宣传策略。正是每个环节上的不留短板,最终成就了这档优质节目。

本章思考与练习

1. 面对流媒体的强势崛起,如何重构电视大屏的价值?

2. 移动互联网如何改变了电视平台的内容制作和观众获取策略?

3. 结合实例比较电视与新媒体在内容生产和吸引观众方面的不同策略,探讨电视与新媒体的内容竞争策略。

4. 在你看过的综艺节目中,哪些节目的跨屏联动比较成功?请试作分析。

第五章

综艺节目制作流程与实战分工

学习目标

了解综艺节目从前期策划、中期拍摄录制到后期剪辑合成的完整制作过程,认识不同工种在综艺节目制作中的角色和任务,如导演、编剧、摄像团队等,了解常用的拍摄设备和技术,如斯坦尼康、滑轨机位、摇臂等,并理解它们在实际中的应用。

关键术语

生产流程;分工;技术支持

综艺节目制作是一个庞大的系统工程,覆盖了前期、中期、后期的全流程,集合了编、导、演、摄、录、美等多工种,需要各个工种的通力配合、不留短板的创作,才能最终打造出上乘的综艺节目。具体而言,综艺节目制作涵盖了哪些流程?每个流程的主要任务与制作特点是什么?不同工种有哪些基本要求?这些实操性较强的问题,将在本章中一一介绍。

一、综艺节目基本制作流程

综艺节目内容和形态不同,其制作流程也迥然有别,有着不同的生产过程。以才艺类真人秀和游戏类综艺节目为例,才艺类真人秀大部分为棚内舞台表演节目,而游戏类综艺节目则大部分为户外竞技类型,节目录制空间不同,就会产生流程上的差异。

尽管如此,不同综艺节目的工作性质和生产流程还是呈现出相同的规律。从宏观角度上讲,一档综艺节目从筹备到完成基本上可分为三个阶段,即前期、中期和后期。前期一般是指节目创意策划构思阶段,中期是拍摄录制阶段,后期则是剪辑合成制作阶段。下面是一档综艺节目的基本制作流程:

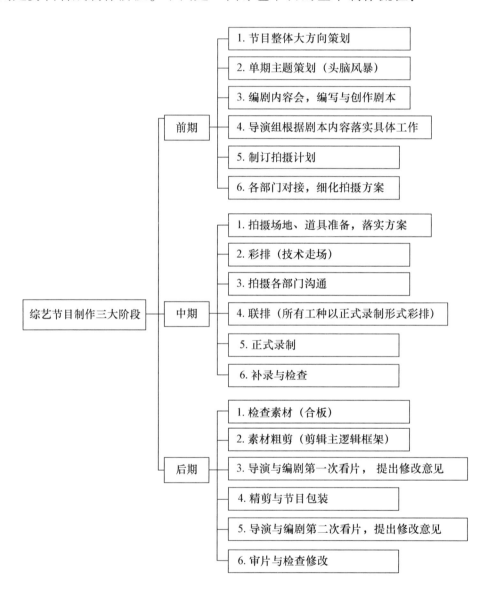

（一）前期——创意策划构思阶段

创意策划构思是综艺节目制作的第一个阶段，这个阶段往往是一档综艺节目最难的阶段，所谓万事开头难。综艺节目创意策划的最初目的就是为了满足观众和市场的需求。这一阶段节目组经常会陷入创意的"困局"，这个困局就是通盘考虑全部要素之后，不断经历否定之否定的过程。在这种自我肯定和否定之间反复摩擦后，或许会策划出一档好节目，或许也会及时终止并不成熟的节目创意策划。一档综艺节目的产生存在着许多未知因素，正是这些未知，才让许多人对这个领域充满了好奇。

1. 节目整体大方向策划

综艺节目一般都会有一个大的主题方向或概念，在整季中融会贯通于整档节目制作。这个主题方向或概念会围绕当下的时事热点展开。2014年习近平总书记在文艺工作座谈会上的讲话指出，实现中华民族伟大复兴需要中华文化繁荣兴盛，中国精神是社会主义文艺的灵魂，创作无愧于时代的优秀作品，坚持以人民为中心的创作导向，加强和改进党对文艺工作的领导。自此之后，大量文化类综艺节目应运而生，如《中国成语大会》《国家宝藏》《朗读者》《中国诗词大会》《上新了，故宫》等。《国家宝藏》的立意就是让国宝文物活起来，讲述国宝文物的前世今生。《朗读者》的立意就是一个人分享人生故事，朗读文学作品。2020年，浙江卫视根据习近平总书记2019年在黄河流域生态保护和高质量发展座谈会上的讲话，推出了《奔跑吧·黄河篇》，该节目策划的立足点就是讲好黄河故事，描绘黄河生态经济带的城市文化之美。

主题是一档综艺节目策划的创意起点，可以为综艺节目奠定良好的基调。后续无论是单期主题的策划还是脚本的写作，都要围绕着"这个综艺节目究竟要做什么"来开展。主题策划会给综艺节目落地提供明确有力的指导。综艺节目宏观方向策划是节目顺利生产的基本保障。

2. 单期主题策划（头脑风暴）

综艺节目的单期主题策划是在头脑风暴的过程中形成的。这种头脑风暴一般在比较轻松的氛围下进行，导演和编剧们集思广益。在最初的主题策划上大家可能有天马行空的想法，可以暂时将逻辑性和可实施性搁置。会议上任何人都可以申报当下流行的热点选题，也可以谈论自己的喜好或者人生故事。不应去打断和否定他人的想法，在这过程中节目的主创人员需要学会倾听。因为人只有在不受局限时才会将思维扩散，充分发挥个人的想象空间。往往很多优质且新颖的节目主题就是在头脑风暴的过程中随着脑力激荡而产生的。当然，针对在这种"不切实际"、天马行空的头脑风暴会议上提出的主题，节目主创人员要让想法落地，就需要去设计主线环节，以及大量论证，才可以使这些想法合理化。

3. 编剧内容会，编写与创作剧本

很多人会问，为什么综艺节目会有编剧？早期在电视栏目中，这个岗位一直叫编导，编和导都是一个人。现在，编和导分开了，编是编剧，导是导演，工作就有了更具体和细致的划分。综艺编剧这一概念是韩国节目引进中国市场时所带来的附属品。2014年，中国有大量的综艺节目是从韩国引进节目模式，有时也和韩国综艺节目团队合作打造，比如东方卫视引进《花样姐姐》，浙江卫视引进《奔跑吧兄弟》。这些节目参考了韩国综艺节目的工业体系，中国综艺节目的编剧岗位也应运而生。

综艺编剧的主要工作内容包括单期主逻辑架构、人物小传写作、核心赛制确立，以及故事线和场景剧情的设计等。不同类型综艺的编剧工作内容也会有细微差异。

综艺编剧要根据选题来收集素材，寻找更丰富的资料才能更好地把握单期主题，好的主题是节目成功的一半，因为观众会根据节目主题选择性地观看，只有当节目主题足够吸引观众的时候才能满足市场需求。因此，编剧在确定主题时应考虑受众群体的喜好，扬长避短。单期节目主题要在保证收视率的基础上有创新性和前瞻性，比如《朗读者》带领大家感悟了一部又一部文学作品的神韵，《国家宝藏》带领大家了解各大博物馆文物的前世今生，《加油向未来》和《嗨放派》为观众讲解生活中的一些科学原理。当下综艺节目层出不穷，观众对综艺节目的要求也越来越挑剔，因此，综艺编剧在内容会上对主题和内容的确立就显得尤为重要。

剧本是综艺节目尤其是真人秀生产流程的基础，是用文字对综艺节目镜头语言的表达，是直观的艺术构思。综艺剧本是为拍摄而撰写的，并不是一部文学作品，所以在撰写的过程中要考虑拍摄的可实施性，能够转化为电视镜头语言。

4. 导演组根据剧本内容落实具体工作

编剧把一期节目框架和结构基本完成时，一般会先和导演组开一次剧本框架讲解会。因为编剧可能会沉浸在自己的逻辑中，很容易陷入一个矛盾的循环，这时候需要听到其他人的反馈意见。同时编剧也要把一些具体的工作和导演组对接清晰。

举两个例子可能会更容易理解，比如《极限挑战》和《奔跑吧》这种大型户外竞技真人秀节目中有很多游戏，这些游戏是需要经过测试和评估才能进入节目录制。在编剧给导演组具体的游戏设定时，导演组要安排道具组进行制作，并且去测试，然后给予反馈，这些都需要时间。当编剧收到反馈时，可能剧本已经发生了变化，随之的游戏也要进行改良或者更换。在这一过程中，编剧和导演一定要及时沟通，这样才能更好地生产内容。

除了户外真人秀，像《演员请就位》和《典籍里的中国》这种有实景情境演绎的综艺节目，更需要编剧和导演的密切合作。当编剧写好一个剧本内容，导演可能就要去进场搭景，在这一过程中布景呈现是否还原编剧剧本设定，不是一页纸能决定的。有的时候一个置景材质、一个道具摆放位置以及演员场面调度都可能会影响节目的效果。

总的来说，编剧在把内容交给导演去执行落地时，要不断与导演进行沟通磨合，才能保证相对完美的节目效果，也有利于后续节目的顺利拍摄。

5. 制订拍摄计划

当节目剧本落地实施时，就应该同步确定拍摄流程，也就是所谓的"Rundown"。综艺节目的拍摄流程会因每一个综艺节目制作组的工作习惯而不同。在音乐节目中，一定是要有表格形式的Rundown，因为音乐节目中每一次拍摄都是为了一首歌曲的呈现而工作，通过表格可以直观地看到每一个工位的拍摄计划。

真人秀节目是根据编剧设计的框架改出的拍摄流程，因为真人秀中更多的是随机发生的事情，镜头的捕捉比较重要，在拍摄计划中写清楚镜头的需求是真人秀流程的关键。下面提供音乐节目和真人秀节目的流程示例供参考，节目组会根据自己的节目类型进行流程项的调整，但基本内容是差不多的。

表 5-1 音乐节目拍摄流程（rundown）示例

时间：××××年××月××日　　具体时间：　　节目名 + "主题"　　地点：　　总时长：2:30:51（待定）

序号	时长	结束时间	内容	歌手	上下场口	视频	音频	灯光	舞团	道具/特效	备注
0	0:00:00	20:00:00						暗场			
1	0:01:32	20:01:32	篇章VCR1			VCR	VCR	暗场			
2	0:01:53	20:03:25	开场秀		4 上	VCR	VCR	表演光	8人	马蹄灯×8	舞团1,2 上
3	0:00:30	××	Talking	全体	2 下	黑屏	手持*11	面光			
4	0:03:04	××	《歌曲二》	××	2 下	表演素材	BAND	表演光		圆底麦架×1	圆底麦架4 出
5	0:00:45	××	篇章VCR2			VCR	VCR	暗场			
6	0:03:39	××	《歌曲三》	×××	1 上	叠PGM	BAND	表演光	4人	吉他	吧椅×1
7	0:10:00	××	互动环节一	×××	××1 上	主视觉	MMO	面光 观众光			
8	0:02:00	××	篇章VCR3			VCR	VCR	暗场			
9	0:03:53	××	《歌曲四》	××	××5 上	PGM 特写	MMO	表演光	2人	干冰	互动麦13 号
10	0:04:21	××	篇章VCR4			VCR	VCR	暗场			
11	0:04:45	××	《Ending》	全体	2 上	表演素材	EMO*11	表演光			
12	0:02:30	××	篇章VCR5			VCR	VCR	暗场			
总时长	0:38:52		（以上时长均以乐队老师演奏时间为准）								

舞台上下场口示意图

表 5－2　真人秀节目拍摄流程计划示例

录制：××××年 5 月 9 日　/　播出：××××年 6 月 × 日

嘉宾：××、×××、××××

Ep01　主题

序号	顺序	地点	内容	其他
0	预热	第一个环节地点	—	
1	开场	开场地点	[开场]—	
2	Part 1	Part 1 场地	[地点]—	
3	Part 2	Part 2 场地	[地点]—	×××××××××××
4	Part 3	Part 3 场地	[地点]—	
5	Part 4	Part 4 场地	[地点]—	
6	Ending	Ending 场地	[地点]—	

6. 各部门对接，细化拍摄方案

这个阶段是综艺节目前期创意策划构思的最后一个内容，需要导演对接节目组各个工种岗位，细化拍摄方案。这时候会组织一个技术协调会，和节目组有关的各个工种的主要负责人都要参加，这些工种包括导演、编剧、摄像、灯光、美术、制片、艺统、服装、道具等。每一个工种都要根据最终的剧本在有限的时间内细化自己的工作方案，并和导演编剧进行讨论，得到反馈后立即修改并最终确定拍摄方案。在这一过程，各个部门需要互相协调，要为节目的大局考虑。在方案得到节目组的主创人员认可后，负责人要向自己团队的工作人员进行讲解并准备执行。各部门都要在录制前检查自己的工作，如发现有突发情况要及时和主创人员汇报，得到最快速的反馈和解决办法，保证节目录制。

（二）中期——拍摄录制阶段

在创意策划构思的工作完成之后，综艺节目制作生产流程就进入第二个阶段——现场的拍摄录制。现场拍摄是要根据已经细化好的拍摄方案进行现场的拍摄和录制，通过摄像机把画面内容记录下来，通过音响设备把现场的声音录制下来。保证录制的画面质量是后期剪辑的基本保障。录制拍摄阶段最重要的两个工种就是摄像和音频，这两个工种一旦出现问题，节目是无法通过二次手段弥补的。一档优质的综艺节目不仅要有好的主题内容，更要通过视听语言来呈现，否则再好的剧本都不过是一张废纸罢了。因为观众终究是要通过屏幕观看综艺节目，而不是阅读综艺剧本。不同类型的综艺节目有不同的拍摄方式，棚内综艺节目基本是固定的场景，使用固定机位加少许的移动机位，通过导播现场切出画面，可以直接进带生成录制画面。户外节目会进场、换场地，基本上都是移动机位，加上部分固定机位捕捉更多的画面。拍摄的方式上有差异，但是拍摄的基本流程是相似的。

1. 拍摄场地、道具准备，落实方案

无论什么类型节目，在拍摄之前都要对场地进行包装置景以及制作道具。舞台上有表演的道具和置景，户外游戏节目会有环境的置景以及游戏装置的制作。导演会根据剧本上的内容和美术团队以及道具团队沟通整个场地的风格和基础元素,美术先出制作的效果图,与节目的主创人员进行确认,进行沟通反馈。如果在大风格上没有问题,就可以根据场地的不同或者演绎的内容不同进行因地制宜的细节调整。道具团队会根据美术的制作效果图制作道具,进场施工。导演组要盯场,并且解决现场出现的问题,以保证拍摄和录制。

2. 彩排(技术走场)

在场地准备的过程中会有技术走场即彩排。这个彩排指导演组带领技术工种的走场和彩排。导演会在录制所在场地给其他工种的负责人讲述落地执行的进度以及现场内容是如何呈现的。棚内节目需要摄像、导播、音响、大屏、机械升降、灯光、特效等一同进行测试和调试,并且测试在同一个指令下达后,各方能否合作完成一个表演内容的呈现。户外节目需要摄像、音频、灯光等来到场地看机位如何布局,户外是否满足收音条件,是否需要补光。这个彩排是剧本内容落地之后对拍摄方案进行再次细化的必要过程。

3. 拍摄各部门沟通

通过技术走场之后,各个部门的负责人会针对拍摄方案,与节目主创人员进行录前沟通,这也就是业内常说的录前会。综艺节目的最终呈现不是一个人的单打独斗,需要各个部门的配合协调。主创人员要将自己的拍摄需求告知相关的工作人员,双方进行沟通和反馈。各个工种的工作人员也要从专业出发给节目主创人员提一些建设性的意见。毕竟术业有专攻,节目的主创人员不可能对每一个工种都了解得面面俱到。一个节目生产的过程是不断相互学习的过程。尤其是对于拍摄技术,导演和编剧可能并不十分了解,因此也许会出现一些超出技术限制的情况。这时候就需要深度的沟通,找到可实现的、完美的呈现方式。

4. 联排(所有工种以正式录制形式彩排)

联排,顾名思义就是联合彩排。在正式录制的前一天,基本上所有节目都会进行至少一次的联排。联排的要求和次日正式录制的要求一样,其作用一方面是让所有工作人员熟悉流程,另一方面是要检查是否还存在疏漏,查漏补缺。一般舞台类节目联排需要带着嘉宾一起彩排,嘉宾在熟悉各个环节流程以及内容后，才会在正式录制时呈现更好的效果。

真人秀的联排是不带嘉宾的，总导演会走场，现场导演会代替嘉宾进行一些必要的彩排，保证整个节目流程顺畅，这样在正式录制时，嘉宾才会有更真实的表现。在联排过程中，可以完成节目现场的空镜拍摄，这样不会占用第二天正式录制时的时间，可以提高工作效率。

通过联排，各个岗位的工作人员对自己的工作有了更多的把握，正式录制时出现意外情况可以更快速地解决问题。

5. 正式录制

正式录制时，所有工作人员心中都有一根紧绷的弦，不敢松懈。这个阶段其实最考验的是导演的综合能力。现场导演需要有一定的控场能力，对所有工作要有统一的指挥调度，对现场的突发状况能进行迅速处理，还要给节目嘉宾营造良好的氛围，这样才可以顺利推进录制。因此，导演在正式录制时要将拍摄剧本熟记于心，要有极强的抗压能力以及果断的决策力。

6. 补录与检查

在录制结束后导演要和拍摄团队进行及时沟通，查看录制素材是否保存，是否有镜头没有捕捉到。如果是非常重要的镜头，需要导演和节目嘉宾进行沟通补录，以保证节目的完整性。在此环节也可以对一些特殊道具进行补录，因为在录制过程中，重要道具可能在镜头画面中显示得不够清晰，补录时可以对这种特殊且有意义的道具进行特写补录，方便后期制作。

（三）后期——剪辑合成制作阶段

拍摄录制了大量素材后，需要将这些素材串联起来，这个阶段就是后期的剪辑合成制作阶段。这个阶段主要包括查看素材、剪辑、制作特效、合成节目，由剪辑师来主导完成。无论什么类型的综艺节目，剪辑时都要将一系列的镜头按照一定顺序组接起来。

综艺节目剪辑基本上也是运用电影的剪辑原则，只是相较于电影，综艺节目没有那么清晰的逻辑线和故事线。综艺节目的后期容易被推上风口浪尖，如果节目中发生了比较强烈的戏剧冲突，剪辑师通常会"背锅"。近些年网络流行语"给剪辑师寄刀片"体现了剪辑师成为众矢之的现象。

1. 检查素材（合板）

剪辑师按照剧本，在所有素材中标记时间码、景别、拍摄方式并且合板。合板的意思就是在多镜头中，以打板的时间为基准来对应素材的内容和声音，方便在多机位剪辑中寻找素材，不至于出现声画错位的情况。剪辑师按照自己的工作习惯检查和标记完素材后会拟订剪辑方案。

2. 素材粗剪（剪辑主逻辑框架）

拟订好剪辑方案后，剪辑师会按照剧本的内容进行镜头顺序的组接，把内容主线或者主逻辑框架剪辑出来，从而对剧情主线有一个把控。这样粗剪的片子会有一个初步的配乐和简单的字幕。必要时，剪辑师也可以打破原有逻辑，根据主题和素材情况，对节目进行新的剪辑构思。

3. 导演与编剧第一次看片，提出修改意见

导演和编剧不仅要参与前期的策划和拍摄，也要参与后期制作，这样才能了解录制过程存在哪些问题，以便下次录制或者撰写剧本时，更专业地完成工作。有的时候，剪辑师在没有和主创人员沟通的情况下剪辑出来的片子有悖于编剧的想法或者导演的意图，所以第一次看片时的沟通非常有必要。深入的沟通有利于剪辑师对于剧本内容的理解，从而在精剪时更有的放矢。

4. 精剪与节目包装

节目进行到精剪阶段，已是工作流程的尾声。在精剪阶段，剪辑师要将主线和逻辑框架梳理得非常清楚，对剪辑节奏和镜头时长也要有全面的考量。

后期的节目包装合成也是在这个阶段完成的，其中包括特效制作、CG动画、文案、花字、音效、配乐、配音、混音、平面设计、调色等。精良的后期包装能够使节目从众多同类型节目中脱颖而出，有利于节目的传播，因为包装是具有视觉冲击力的。一个节目一般会以固定的包装风格形成这个节目的标志，加深观众对节目的印象，比如《爸爸去哪儿》的花字就承包了观众的很多笑点，《花儿与少年》《再见，爱人》的文案和观众实现了共情，疗愈了他们的心

灵，《奔跑吧》节目的主色调是黄色和蓝色。后期的包装潜移默化地影响观众对于一档综艺节目的印象，有的甚至可以在一定程度上提升一期节目的品质。

5. 导演与编剧第二次看片，提出修改意见

在精剪和包装完成后，导演和编剧看片时的观感就大不一样了。这些包装效果肯定是为节目增光添彩的。在第二次看片时，导演和编剧要对节目的逻辑和内容进行审查，看内容剪辑是否合理，结构是否清晰，有无明显错误，是否符合播出标准，有无技术失误，声画是否同步，字幕文案是否有错别字等，并提出一些细节问题供修改。

6. 审片与检查修改

最后，节目在播出之前要提交给播出平台的负责人进行审查。负责人审查节目后会提出一些修改意见。到完成成片，将待播出的片子出带以及复制存档，整个综艺节目的制作流程才算结束。

总的来说，综艺节目的生产制作是一项复杂的工程，每一个环节都需要专业的技术支持，各工序是环环相扣的。综艺节目主创人员需要熟悉每一道工序，节目的前期、中期和后期都能够体现主创人员的个人意志和水平。可以不精通但是一定要了解，并能根据节目的具体情况具体分析，快速发现和解决问题，使综艺节目的制作更加顺利。

二、综艺节目的实战分工

综艺节目是群体创作的作品，并不是某个人就能完成的。大众对于综艺节目的要求越来越高，也就意味着对节目制作人员的要求越来越高。综艺节目制作人员必须明确自己的工作内容和职责，充分发挥主观能动性，做好自己分内的工作，整个团队才能创作出符合市场和大众需求的优秀综艺节目。

（一）综艺节目主创人员

1. 总导演

总导演是综艺节目的第一负责人，要以电视节目的效益为主导，按照综艺节目的生产流程和运作规律来制作综艺节目。其工作内容是把握节目的整体走向，制订节目的发展规划，协调各个部门的工作，确认节目内容、宣传、赞助、预算等对内对外的重要事务。这一职位应该是一个"全才"，不仅要有长远的眼光，还必须有极高的专业素养，熟悉综艺节目生产的所有流程和环节，也要有极高的审美品位，能准确把握市场需求以及观众心理。总导演应是集才华和经验于一身的统领者。

2. 制片人

制片人是在综艺节目中负责具体的事务安排、预算管理、广告赞助联系以及协调客户与节目组关系的人。具体的工作内容是审核节目大的走向，安排和落实总导演分配的工作。

3. 执行总导演/副总导演

这个岗位，不同节目可能有不同的叫法，但工作内容是一样的。执行总导演或称副总导演是控制整个节目流程进度的人，帮助总导演将具体的工作落实到各个部门，统筹各部门的工作时间安排，保证录制的流程顺畅。

4. 总编剧

总编剧是对节目的主题策划进行统筹和把控，管理和带领编剧团队，完成综艺节目的剧本内容创作的人。总编剧要有较高的文化知识水平、政治素养、专业技能和突出扎实的文学功底。

5. 现场导演/执行导演

现场导演或称执行导演是完成综艺节目制作的具体组织和落实的人，主要工作是根据剧本的内容和各个部门进行对接，并推进工作进度。导演最重要的就是沟通能力和处理问题的应变能力，因为导演要面对场地方的协调使用、美术的绘画与出图、道具的测试与制作等各式各样的执行问题。在录制拍摄时，导演要对自己负责的内容承担责任，处理相关问题，同时要将录制的情况反馈给后期制作团队。

6. 编剧

编剧是真人秀类型节目的撰稿人。编剧会根据单期主题进行资料的收集和整理，深入研究并撰写相关剧本。编剧也要负责梳理节目的主逻辑，分析人物设定、场景设想、故事线和矛盾冲突的设计。如果是带有比赛性质的综艺节目，编剧也要进行赛制规则的设计。

7. 型秀导演

型秀导演就是大家常说的秀导，主要工作是对在舞台上表演的歌曲进行创意设计，通过灯光、特效、道具、伴舞、走位、虚拟技术等一系列效果的包装，来呈现这首歌在舞台上的演绎。这一职责的导演一般在音乐节目或者带有舞台表演性质的综艺节目中才会有。

8. 主持人

主持人是综艺节目创作集体的代表，是推进整个节目流程的关键性人物。现在很多主持人也承担了制片人的角色，比如《朗读者》中的董卿。尽管当下很多节目没有主持人，但不代表着主持环节的缺失，因为很多综艺节目的嘉宾会承担起主导节目流程的工作，只是没有主持人那么明显的身份特征，但对节目所起的实际作用是相同的。

（二）综艺节目摄制人员

1. 摄像团队

（1）摄像指导

摄像指导是与综艺节目主创团队进行沟通的主要负责人。摄像指导会根据主创人员的意图，对拍摄进行机位布局，并给出专业性的指导意见。

（2）摄像师

摄像师负责综艺节目的拍摄工作，根据节目内容和摄像指导的安排，完成特定的画面镜头的拍摄。摄像师要关注并确保镜头画面的清晰度、构图、曝光、色调都在合理范围，保证画面的完整性和连续性。摄像师也要很强的临场应变能力，能在节目的时间内捕捉到有效的节目素材。

（3）摄影师（剧照师）

综艺节目摄影师的工作一般是拍摄节目宣传照、录制时的现场照片，包括节目场景、嘉宾、工作人员，以便于节目日后的推广和宣传。

2. 音频团队

（1）音响师

音响师一般存在于舞台类型综艺节目中。在舞台类型综艺节目中音响师的工作是调整音效，运用专业设备对各种声源的音质进行调控。音响师在舞台建设过程中还负责音响设计、安装、调试和检测。

（2）调音师

调音师需要具备一定的音乐素养，要懂音响、话筒、乐器、效果器等。调音师应和表演者进行沟通，将音效调试至最适合表演者演唱歌曲的参数。

（3）录音师

录音师要根据节目的要求进行声音的收集与处理。在不同的环境中要选择不同的收音设备，避免声音干扰，使声音和画面能有效配合。录音师一定要在录制前检查好设备，以保证录制时声音的收集。

（4）Media 师

Media 师就是所谓的键盘音效师，在节目现场根据节目内容，利用音响设备实时输送符合节目氛围的音效，使节目现场的录制效果更好，也省去了后期单独配音效的时间。

3. 灯光团队——灯光师

灯光师负责综艺节目的照明工作。根据不同的节目内容，灯光师会对拍摄场地的环境、特殊定点道具、人物等进行灯光设计。舞台类型节目的灯光师尤为重要，因为在表演中，灯光是视觉冲击力最强的，很多内容的呈现也会依据灯光的设计而进行微调。如《声生不息》这档以歌曲表演为主体的音乐竞演类综艺节目，灯光效果就运用到了极致，通过舞台灯光的演绎变化，更容易把观众带入歌曲的情境中，为歌曲表演增色不少。在真人秀节目中，灯光师一般会对嘉宾的面部进行补光和照明。

4. 视觉团队——视觉制作

视觉制作在行业内叫VJ——Visual Jockey，影像骑师。简单来说，就是负责提供表演中的视觉素材的人员，负责制作和播放表演素材。比如，根据歌曲的意境，通过视频制作软件来创作符合歌曲内容的视觉素材。视觉素材对于观众的冲击力非常强，因为屏幕在舞台中一般会占据很大的比例，如果视觉素材的效果、色彩出色，会直击观众的心灵。《乐队的夏天》这档音乐节目巧妙地运用屏幕视觉素材和现场表演的融合，完成裸眼3D效果的呈现，增强了节目的感染力与穿透力，吸引了更多观众的关注。

5. 技术团队

（1）技术导演

技术导演主要负责拍摄录制现场的所有和影视技术相关的工作，比如固定机位（如GoPro）的安装，现场所有的摄像机与导播台系统的连接，大屏和摄像机的联动等。

（2）导播

导播是负责对多机位拍摄的镜头进行选择切换、特效合成、字幕、包装、插入视频等具体操作的工作人员。导播要对节目内容熟记于心，才能在录制中流畅地完成镜头的切换，并捕捉和创造新颖的画面，保证节目播出的镜头画面质量。

6. 后期团队

（1）后期导演

后期导演需要统筹后期制作的所有工作，包括带领后期团队的其他工作人员对剧本的内容进行解读和理解，分配具体的工作任务，按照播出的时间倒推工作进度，制作节目样片。

（2）制作导演

制作导演包括但不限于剪辑师、特效师、平面设计师、花字包装师、混音师、调色师等。

（三）综艺节目的公共团队

1. 制片团队

综艺节目的制片团队要根据节目的内容，对相应场地、置景、道具等的制作费用进行预算报价并负责对外对接。制片团队要对节目工作人员的吃住行负责，还要协助导演完成节目制作，帮助解决一切对外联系的工作，而且要有效地监督、管理、协调节目全部的制作过程。

2. 舞美道具团队

舞美道具团队负责美术设计、舞台搭建、道具制作这三个工作。舞美道具团队要根据节目内容和导演需求进行舞台或者场地的设计并出图。设计图通过后要执行设计图纸上的内容，对场地进行搭建和置景。除此之外还有一些单独的道具需要制作或者购买。这三个工作之间的关系是密不可分的，它们保证了节目在视觉上的美感。

3. 艺统团队

艺统团队就是艺人统筹团队，主要负责综艺节目嘉宾的管理和统筹。综艺节目的主创人员不可能在嘉宾的事情上对接得面面俱到，可能只会在节目内容上和嘉宾进行沟通，所以需要艺统团队来负责嘉宾的出行、住宿以及节目拍摄的时间安排。艺统团队作为嘉宾和节目中间的桥梁，要和节目的主创人员保持紧密联系，尤其是时间安排上，要在导演组确定时间后为嘉宾进行时间规划，确保嘉宾能够参与彩排和录制。

4. 宣推团队

宣推团队是宣传和推广团队，他们的主要工作是依托节目相关物料，进行节目宣传推广。宣推团队一般会自带摄影师和摄像师，在节目现场捕捉花絮进行官方的路透。宣推团队也会准备一些比较热门的小游戏或者话题与节目嘉宾进行互动，或对嘉宾作采访，并剪辑成小视频，用于在社交平台上推广和宣传。

5. 服化团队

服装和化妆团队是综艺节目的必备团队。服化团队要根据节目内容和主题为嘉宾进行服装造型的搭配，统一风格，让节目形成比较鲜明的主题风格，也可以更好地打造节目的 IP 属性。

三、综艺节目制作的技术支撑

在综艺节目的录制与后期制作过程中，对拍摄录制机位和设备的了解是不可或缺的。准确识别常用录制设备，有助于在后期制作中更快地找到对应镜头，在合板中也能迅速地找出缺失的机位类型。熟悉设备和机位布置的剪辑师，在后期制作中能够更快地找到特殊机位拍摄的镜头，镜头的使用也更加灵活。目前综艺节目中常用的特殊设备机位有以下几种：

- 斯坦尼康：斯坦尼康是高度人机结合的拍摄设备，可以手提，它摆脱了轨道推车及重型摄影机平台的移动限制，可以适应山地、台阶等更多环境，能更好地完成高度复杂的移动长镜头拍摄，并营造出纵深空间感。斯坦尼康的镜头多为舞台设计镜头，在拍摄连贯的舞台近景长镜头时经常使用，镜头运动轨迹更加灵活，可以保证更好的视觉效果和叙事节奏。
- 滑轨机位：把摄影机安装在移动轨上，或者是配上滑轮，它的视听语言意义与摇镜头十分相似，只不过它的视觉效果更为强烈。滑轨机位在棚内使用比较广泛，轨道可以根据舞台的形状来安装，有的是弧形的，有的是直线的摇臂机位，将摄影机安装在升降机上面进行移动拍摄，由此形成一种富有流动感的拍摄方式。
- 摇臂机位：摇臂机位一般多用于棚内综艺，根据舞台场地空间的布局设计，可能会布置幅度有所区别的大小摇臂。在棚内综艺的开场或者歌舞表演里常用到摇臂机位。摇臂机位有抒发感情和划分歌曲段落的作用，也可以用来表达舞台的空间位置关系。在真人秀节目中，主要用来交代所在的环境。

图 5-1　斯坦尼康

图 5-2　摇臂机位

- GoPro：在综艺中多用于行车过程中的车载机位，记录嘉宾艺人路上车内的言行，也可以在游戏运动环节中，绑在物品或者身体的任何地方，记录摄像师无法跟随拍摄的镜头或者是主观镜头，比如在嘉宾蹦极或者跳水游戏中，头顶的 GoPro 是最能渲染气氛的主观镜头。在真人秀节目中，也常放置在房间固定角落作为监控机位使用。特点是小巧轻便，但画面质量较之其他摄像机会稍逊一筹。
- 无人机航拍：无人机航拍多用于拍摄户外空镜，在户外真人秀需要高空视角的时候，节目组也会加以配置。无人机的运动灵活且复杂，呈现出来的拍摄镜头配合其他机位使用，可以极大地增强镜头组接的视觉冲击力。

图 5-3　GoPro

图 5-4　无人机航拍

> 飞猫索道摄像系统：按运动方式可分为二维飞猫和三维飞猫。二维飞猫有两个支点，支点间用索道连接，索道上搭载承载摄像机的小车，拍摄跨度可达一千米，适合大场景拍摄。三维飞猫共有四个点四条绳索，地面上配套了驱动系统和操控系统，具有自由灵动、镜头无限旋转的特点，可使摄像机在预设的三维空间内任意移动、悬停、飞行，提供非同一般的视觉效果，突破了云台壁垒极限。一般在体育场、广场、国际会议中心、室内等场地使用，适合大型晚会开幕式及运动项目拍摄。

图 5-5　飞猫索道摄像系统

案例解读

2017 年天猫"双 11"晚会

科技已经成为赋能当下大型电视活动的有效手段。每年的"双 11"活动都强调"硅谷 + 好莱坞"理念，将全球尖端科技融入内容创意中，以此打造别开生面的视听景观。

2017 年的"双 11"晚会对于技术的运用更显娴熟，一些深具未来感的黑科技营造出了"未来水准"的沉浸式体验，被不少网友称赞"概念超前 20 年"。

据了解，在浙江卫视主导下，主办方首次把真人三维建模和动作捕捉技术运用到了国内的手机平台，先对明星的动作甚至表情细节都进行了逼真的还原，再通过特殊加密算法将模型文件压缩至20M左右，同时巧妙地将AR技术与VR全景技术结合，实现了将明星影像通过AR技术投射到真实场景。用户只要打开手机，参与活动，就能让明星一秒"来到"自己家。

同时，"双11"晚会还首次开辟"虚拟观众席位"，用户凭电子门票，打开手机淘宝就可以随时看晚会直播，还能享受到由CG动画+AR虚拟技术实现的专属开幕式收看视角以及真实的入场仪式，获得身临其境的感受。

此外，在互动导播方面，浙江卫视的技术团队也为国内电视转播技术突破了一大步。经过半年多的技术开发，这次"双11"晚会运用了首创的远程同步码技术。浙江卫视全程主控的转播环节特别动用了两颗卫星，保证整场直播的通信顺畅。活动当天，现场的互联网导播中心实时将互动指令下发到各个演播间，对电视信号进行特殊的同步码植入。活动负责人蒋敏昊表示，这场"双11"晚会已经将电视化的手段用到了极致，所有的细节都值得放大到屏幕上，让观众去感受，"最好的欣赏方式是守着电视，拿着手机，边互动边收看，这是一次年轻互动的美妙体验"。

本章思考与练习

1. 当下综艺节目制作出现了哪些新技术趋势？
2. 棚内综艺与户外真人秀，在制作流程和实战分工上有哪些不一样的地方？
3. 现代拍摄技术（如斯坦尼康、无人机航拍）应如何与节目内容创意相结合，以创造出独特的观众体验？
4. 请分析如何在综艺节目制作中实现各工种间的有效沟通和协作，以提高工作效率和节目质量。

第六章

综艺节目的后期制作流程

学习目标

理解从素材管理、剪辑、包装到最终输出的完整后期制作过程,了解不同后期制作环节的专业技能要求——DIT管理、剪辑、花字、动画制作等,学习如何通过后期制作塑造节目内容和风格,掌握如何通过剪辑、花字、动画等手段增强节目的观赏性和故事性。

关键术语

DIT;粗剪与精剪;花字与动画;调色与混音

随着信息化的加速演进,综艺节目如雨后春笋一般层出不穷,节目的质量也有了大幅度的提高。与之相应,节目后期制作的市场化程度快速发展,从以前简单的剪辑、包装、调色,发展成了标准化、规模化、规范化的团队项目运作。随着观众对于节目审美的要求不断提高,个性化的需求日益突出,综艺节目逐渐呈现差异化的细分。这进一步要求综艺后期制作剪辑二次创作的程度提高,包装要更加精细,花字文案要更具个性,调色要凸显风格。

后期制作分工精细,大大增加了节目的可看性,市场对于综艺后期人才的需求也日益增多。随着制作规模的扩大,综艺后期制作已经发展成DIT(数字影像工程师)、剪辑、动画、花字文案、调色混音等多工种配合的专业流水线,分工越精细,后期制作的水准就越高。

相比以往,当下综艺后期制作环节在整个节目制作的链条中是有前移的,也就是我们常说的后期前置。在全链条中的每个阶段,后期制作都发挥着不同的作用。

节目录制前：

在节目的前期策划阶段，后期导演就开始介入，沟通了解节目内容、风格，提出剪辑和包装方案。因为综艺节目多机位拍摄，尤其是真人秀节目，机位可多达五六十个，录制时长很长，素材量大，因此需要有专门的DIT部门负责素材的管理。在节目录制前，DIT人员就要参加导演组的技术协调会，了解拍摄方式、机位数量、设备类型拍摄格式、跟拍计划等。

节目录制期间：

在节目录制期间，DIT人员需要去录制现场，与拍摄团队确定每日素材的交接流程和突发问题的解决方案，并一起把关素材质量格式等问题，确保素材不出错。素材一旦出问题，后面所有的步骤都将无法顺利进行，所以DIT至关重要。

在录制过程中后期导演、核心精剪师也需要到现场了解节目录制情况，对节目内容、形式、现场录制效果有所掌握，做到心里有数，同时开始构思剪辑思路，为后续高效剪辑做充分准备。

节目录制后：

节目录制后，就要进行素材整理、合板剪辑、动画包装、花字文案制作、调色、混音等。DIT人员拿到节目素材之后要进行素材的整理以及备份，将素材分批次上载，上载完成后要根据拍摄内容进行素材改名，然后再进行转码。剪辑师的后期制作过程中，如果素材格式不统一，容易导致机器卡顿或宕机的问题。

转码完成后就要开始合板的工作。简单来讲，合板就是把同一时间多机位拍摄的素材放置到同一条时间线上，确保不同机位画面和声音对应，声画同步，方便剪辑师了解素材，挑选镜头。接下来才是创作的核心环节。

剪辑师拿到DIT剪辑合板的时间线以后，首先要熟悉素材，随后对素材进行粗剪，作无效内容的删减、镜头的选择和组接，形成相对完整的节目内容和框架。

粗剪完成之后，剪辑师会对内容情节进行精修，找到节目中的精彩点，配合音乐音效来完善节目的节奏。平面、动画岗位会根据节目精简内容制作动画包装，以增强节目的效果。花字文案岗位会根据剪辑师提供的精剪内容，找切入点进行花字文案创作和制作，起到增加节目氛围与调动观众情绪的作用。剪辑师还需要输出净版内容给调色岗位调色师，由其对节目进行色彩的调整，以

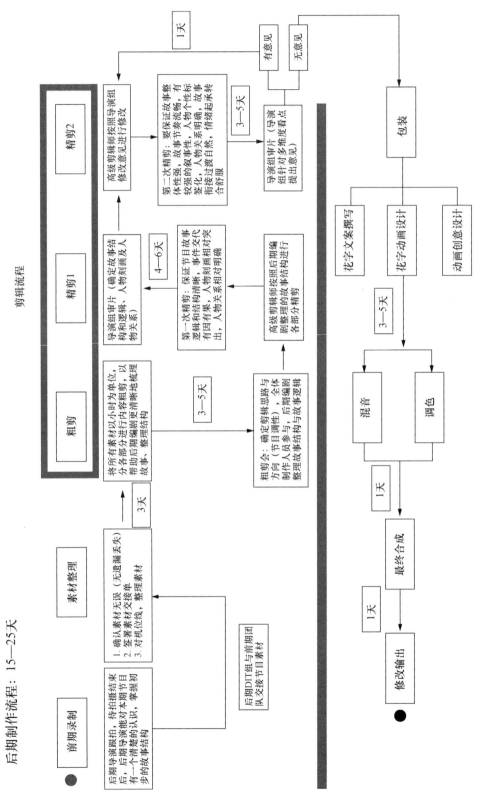

图 6-1 后期制作流程示意图

增强画面美感和风格,这就是我们常说的达芬奇调色。

混音是节目出片前的最后一关,最基本的就是要对剪辑制作中所用到的音乐、音效、人声进行分轨优化,完成人声和音乐的音比平衡。以上所有流程完成之后,再经历各级别的审片及修改,节目就可以合成输出并播出了。

扫码看

一、剪辑前的准备工作

(一) 剪辑师的基本素质

在整个综艺节目的后期制作流程中,作为内容创作者,剪辑师至关重要。一名优秀的剪辑师需要具备以下能力:

(1) 熟练地操作软件。
(2) 能够讲好故事、塑造人物。
(3) 细节的归纳和总结。
(4) 要有包装思维。
(5) 善于利用观众视角,设置悬念和反转。

剪辑师要有从海量素材中梳理出故事逻辑的能力。要基于节目编剧设置的主题与思路,保障整个节目逻辑通顺,能讲好故事,塑造人物。有敏锐的观察力,能够在节目内容中抓住精彩的细节并放大,使整个节目的呈现具有可看性和娱乐性。在剪辑时要全盘考虑动画、花字文案的发挥空间并给出合理的建议。要能从观众的角度去看素材和节目,理解节目的人物情绪,并围绕节目故事的主题,剪掉一切冗余内容。以上是综艺剪辑师需要具备的素质。

（二）素材的整理与合板

这是剪辑师正式剪辑之前很重要的一步。只有规范地完成了素材的整理和合板，剪辑师才能顺利剪辑。在节目录制以后，DIT 人员要将素材从拍摄设备的卡中，拷贝到移动数据存储器，然后再上传到服务器阵列。在这个过程中，DIT 人员需要对素材进行整理。素材安全至关重要，所以每一次的素材转移都要非常仔细。在第一次转移时，有两点需要注意的地方：

（1）素材上载到移动数据存储器时，文件夹的结构与命名必须符合项目录制情况。大多数情况下，录制时间文件夹为高层级，下面再细分更多的文件夹层级。

（2）在录制时间文件夹层级，把当日素材上载登记表拍摄或者编辑成文档存储在当前文件夹，并对每一个文件夹层级内容所占空间大小进行截图留存，以方便后续进行素材检查。

在把素材从移动数据存储器上传到服务器时，要对素材进行改名。这是为了在合板和剪辑时能更快地了解素材内容。这一步的完成视不同的项目情况而定。在给素材文件改名时要注意，尽量不要使用标点符号，如果必须使用，确保用英文符号。

合板前一般要对素材进行转码。什么是素材转码呢？简单来说，就是在保证画面质量不降低的情况下，将不同设备录制的视频、音频从不同的格式转换成同一种格式，方便导入软件进行剪辑。由于剪辑软件支持的视频、音频格式随着软件的版本升级在逐渐增多，对格式的兼容性变高，一般素材量小、机位少的项目，可以考虑原始素材不转码，直接上线合板，但是素材量大、机位多的项目，如果素材没有进行转码，在剪辑过程中，一般都会出现卡顿，甚至是宕机的问题。为了避免剪辑不顺畅，影响视频制作效率，最好的办法就是把所有的素材统一转码。

我们要注意，原始素材和转码素材一定是分开放置的，并且转码的素材文件夹结构与原始素材文件夹结构要一致。在转码完成后，我们还需要检查：

（1）转码素材数量，是否有遗漏；

（2）转码文件大小。

转码完成，接下来就要开始合板了。开始合板工作前，检查素材，再次核对素材转码更名的情况。确认好素材情况之后，就可以开始合板了

合板的时候有一个最重要的概念，就是时间码。它是摄像机对影像信息进行拍摄与录制的过程中，机器记录的具体时间数据。单位有小时、分、秒、帧。在节目录制前，要和每个摄像师沟通好时间码的校对，确保摄像机和录音设备在开机运行的时候，保持相同的时间码，这样在后期的合板过程中会减少很多不必要的工作量。我们只需要借助时间码信息，就可以实现视频和音频的完美对应。

对于那些没有时间码或者时间码不准确的录制素材，我们在后期的合板过程中，可以通过动作、声音波形来进行合板对位。我们可以选择人物动作幅度比较大的点，或者是画面变化比较明显的部分，去记录标记点，随后将打点位置在序列中对齐，把两个机位的画面缩小至50%，同时放入监视器视窗中，同步播放，检查画面是否同步。这是用画面来合板素材的方法。

图6-2 《奔跑吧》机位素材

对于音频素材，我们可以选取一段音频中比较清晰的对话部分，选取其中吐字的爆破音打点标记，在另一端的收声中选取同样的一句话的爆破音标记打点，然后将打点位置对齐，同时播放，检查是否有回声，再微调至声音完全一致。在音频的后面部分再选择一点检查校对，没有回声即完成校对。依照上述方法，逐步完成所有音频素材的合板。

在完成了视频和音频各自的合板后，我们再完成视频和音频的打点对位。

选择有声音的视频素材，与我们对好的音频素材打点对位，只要成功匹配，整体的合板工作就基本完成了。

二、综艺节目的粗剪

（一）粗剪的各阶段

在素材整理与合板完成后，剪辑师就要开始进行综艺节目的粗剪工作了。粗剪也是对素材成片的第一次尝试。剪辑师要以成片的时长为目标，去进行粗剪工作。粗剪通常要分几个阶段进行。

第一个阶段是粗剪内容版。在这个阶段中，剪辑师要保留故事情节的部分，删掉等待、休息的环节，清理多余镜头，大幅缩短素材长度，只保留故事发生的基本逻辑关系。先整理干净素材，不要过多地考虑成片内容取舍，把最完整的内容保留下来。没有什么比在剪辑的时候还要停下来回去翻找素材看镜头更显凌乱的了。把有效内容保留完整，我们就可以进入下一阶段了。

第二个阶段是粗剪故事版。这个阶段的情节去留，要依照心目中理想的故事线去做决定，一般时长是预计精剪长度的 1.5 倍。如果这场戏主要由对话驱动，先剪对话音轨。换言之，暂时忽略画面，只关注如何让对话更流畅。开始可能会有点让人不安，当把拍得最好的对话都剪辑在一起后，画面会跳来跳去。这时我们不必关注画面衔接，只要听起来对话内容的逻辑情绪是对的，那就没问题。在故事情节达到想要的内容效果后，再去整理画面部分。

第三个阶段是粗剪的最后一个阶段，那就是粗剪最终版。在这个时候就要开始梳理节目的镜头衔接，并加入适当的反应，使观众在观看过程中不会产生任何的不适感或者镜头跳跃感。在这个阶段，视频会构成初步的故事结构，我们会进一步把镜头补充完整，把音轨调整清楚，同一时间内，只保留说话嘉宾的音轨，保证对话清楚流畅。调整声画的同时再做最后的内容增减，以达到理想的粗剪时长，也为后续的精剪、加音乐音效等搭建好基底。

(二) 素材内容标记整理

在开始粗剪时,要对素材里的不同内容进行分类标记,找出录制过程中的笑点、事件点、冲突点、人物性格点、升华点等,标记出能够为故事情节构筑提供有力支持的语言、行为和事件,并整理出来,为后面确定故事的主线、逻辑、叙事方式提供剪辑依据;对嘉宾体现出来的性格、行为属性进行归纳整理,辩证判断其在事件发展过程中的性格、推动作用、角色定位,为后续剪辑提供内容基础。如《妻子的浪漫旅行》《花儿与少年》《半数恋人》等以人物叙事为主,穿插情感、游戏、旅行、人物关系等多元化内容的综艺里,对内容的标记和梳理就显得尤为重要。

(三) 确定故事主线

在粗剪阶段,要以节目主题作为指导和前提,充分阅读当期拍摄计划、现场场记、采访内容速记("备采扒词")等与录制相关的文字内容,结合浏览素材所打的标记点和对人物嘉宾的性格归纳,明确当前内容的故事主线、人物主线,规划当期节目各个环节的重点内容和制作走向。

在粗剪过程中不要过度删减素材,要注意保留关键的逻辑流程、事件、话题点,给予粗剪后的审片一定的再创作空间。例如,在《令人心动的 offer》节目中,8 名实习生在生活和实习工作中展现出多方面的不同性格,导师和实习生之间以及实习生之间也会有各式各样的人物关系线。在粗剪第一版的内容版中,剪辑师会尽可能保留有效信息点,然后开会审片,讨论确定主线和串线逻辑,得出下一步的简化方向,一点点化繁为简,梳理出最终的粗剪内容。所以粗剪的第一版时长往往是成片时长的 2—3 倍。

(四) 采访的取舍

在综艺录制前后会有对嘉宾的专门采访。采访是对节目内容的重要补充,一般发生在录制前后，即前采和后采。前采往往表现了嘉宾对节目的预期，或是对其他嘉宾的印象，可以用来与嘉宾实际表现对比，或者作为人物介绍的背书。录制后的采访，一般会采访真人秀中发生的重点，让嘉宾回忆当时的心理，和触发嘉宾行为的内心动机，对发生的事件进行复盘。剪辑师常用后采去寻找事件重点，和获得事件的重要补充信息，来完善内容。在真人秀中，如果要插入谁的采访内容，可以先给这个人的镜头，然后采访声音先入，再转换到采访的画面中去。

（五）节目的时长控制

在电视综艺中，节目往往有很严格的时长控制，因为电视台的播出时间是有严格计划安排的，网络综艺的时长要求比较宽松，但是为了保证一期节目流畅的故事结构和精彩程度，制作方往往会主动压缩时长，控制节目的节奏与时长在合理区间。因为不同类型节目的观众耐心是有区别的，比如纪录片观众就比商业电影观众的耐心要多一些，而综艺节目的观众则多希望在节目中看到有趣的内容，所以他们愿意接受更快的剪辑节奏，在关键逻辑完整的前提下，时间和空间可以有适当的省略和跳跃。

（六）粗剪的基本剪辑原则

在综艺节目的剪辑制作中，剪辑师要遵循一些基本的剪辑规则。这些规则在大多数时候是有必要去遵循的，除非在一些戏剧化的夸张表现时，可以偶尔尝试去打破其中的一些规则。

1. 连贯性

声音连贯：在处理素材的时候，要把素材的声音轨道处理干净。如果有多位嘉宾在说话，只把想要强调的嘉宾的音轨设为开启状态，保持人物声音清晰。在剪辑过程中要尽量处理语言表达的吃字、卡顿、啰唆等问题。在真人秀中，嘉宾发言大都依赖即时的反应，难免会出现思路不清或者语言啰唆、语句不连贯等问题，要把语言处理成逻辑完整、表达清晰的可理解的形式，例如把"就是""那个"等多余的口头禅删掉。在缺少衔接词或者主语，致使表达可能出现歧义时，我们甚至可能需要从其他地方去抠字或者"偷话"来补充完整。声音的连贯性或语言逻辑的连贯性对综艺的表达来说至关重要。

动作连贯：一个镜头中人物的动作或人物周围的活动，必须与另一机位拍摄到的动作完全匹配。切换镜头的时候要注意不能缺少必要的动作逻辑，动作信息的缺失会导致镜头的跳跃。

视线匹配：当一个镜头表现人物眼神正在关注某个对象，接下来的镜头就应该与视线追踪的方向、目标相匹配。视线匹配除了适用于节目中嘉宾的视线，还适用于观众视线。比如在舞台表演中，当剪辑师通过镜头给出观众的视线朝向时，下一个镜头切换至观众视线焦点，这样切换的镜头，衔接会比较自然。

角度选择：我们在选择机位进行剪辑时，要注意机位的镜头角度，大部分时候需遵循关于角度的两个原则。第一个是180度轴线原则。比如拍摄两个人的对话场景，两人间的连线就是轴线，只有在轴线的一侧180度范围内的任意位置摆放摄像机，所拍摄的人物的位置关系才是一致的。当摄像机位越过轴线，拍摄的画面就是越轴镜头，会造成观众关于位置关系的困惑。但是这并不代表越轴镜头完全不可用。在某些节目环节，为了达到某种艺术化的效果，表达某种特殊情绪，我们也会灵活运用越轴镜头。第二个是30度原则。当拍摄同一人物的镜头，拍摄机位物理距离如果不足30度，两个镜头剪在一起，就容易产生跳跃感，也就是跳切感。大角度镜头的组接会更流畅一些，镜头受限也更少。

2. 镜头构图

镜头构图是剪辑师考虑切入或切出镜头时要关注的一个重要因素。剪辑师无法控制镜头中视觉元素的构图，但可以选择在转场时将哪两个镜头剪接在一起。影响镜头构图的因素有很多，剪辑时要选择合适的景别和角度，还要结合画面运动形态、内容节奏、美感等多方面来考虑，发挥自己的主观能动性。在剪辑中常会进行二次构图。在前期拍摄素材不很理想的情况下，后期要对画面的构图进行优化调整，通过缩放、旋转、位移等操作实现二次构图，让画面更美观，信息传达更明确。

（七）剪辑节奏

剪辑节奏一般可分为内容节奏和画面节奏，也可以说是心理节奏和视觉节奏。内容节奏是偏宏观整体的。画面节奏是偏微观技术层面的，大部分以镜头运动变化和剪切的快慢来表现，它和声音一起构成了整个片子的视听节奏。

所有视听节奏里最直接的就是人物对话的节奏。当对话的嘉宾言语交锋激烈时，快节奏地切换镜头或者增加分屏的频率，会加强冲突紧张感，剪辑的气口也会更加紧凑，也即是剪辑率更高。

除了对话节奏，更直观的还有音乐的剪辑节奏。节目中常采用摇臂、飞猫来渲染音乐的情绪。一首歌节奏很快、充满动感，我们要让音乐的情绪节奏与画面内容相吻合，剪接点就会增加，单个画面时长会变短。快节奏的歌曲这样剪辑，那慢歌要怎样处理呢？我们会以故事为主线，根据音乐情绪处理剪辑节奏。当故事节奏相对舒缓时，就适当减少剪接点，镜头的位移速度变缓，特写镜头的停留时间相对更长。如果是唱跳的节目，跳舞动作也需要与音乐节奏相契合，要从舞蹈动作中选择剪接点。通常来说动态中的停顿点，就是动作剪辑的气口。剪辑的气口要与音乐的气口吻合，节奏上才更加顺畅。

要注意节奏上有缓也有快。节奏和情绪是相辅相成的。在剪辑时根据需求灵活处理节奏，整个节目的层次感就会更加分明。

（八）语言

在综艺剪辑中，语言是推动故事情节发展的一个关键要素。

1. 筛选语言内容的原则

剪辑师在筛选语言内容时，要考虑以下几点：

（1）语言内容与节目主题的相关性。节目播出时间有限，剪辑师要筛选出与节目主题最具相关性的对话，表达节目的核心价值，推动故事情节发展。

（2）语言要真实、得体，避免矫揉造作。尽可能通俗简洁，易于理解。

（3）语言内容是否具备看点。剪辑师要具有敏锐的观察力，发掘出具备看点的对话内容。可以从对话节奏、聊天氛围、对话内容等多角度挖掘可看的点，对话内容最好与主线内容相近或相关。不必为零散的看点而去打破节目的叙事结构。

（4）语言内容是否能唤起大众共鸣。在筛选语言内容时，要站在观众的角度，考虑对话的内容及观点是否贴近当下观众的关切，是否具备讨论价值。

（5）语言内容尽量来自嘉宾的自主抒发，录制时导演组的外部干预语言与旁白要尽可能少，才能让语言内容更贴近真实。

2. 说话节奏

说话的姿态、方式、风格决定了说话节奏。每个人的说话节奏都有自己的特点，在剪辑时要注意甄别与体现。要注意人物说话时的动作、眼神、位置关系以及说话时机等。综艺节目中会有刻意的谎言、故意的沉默、啰唆的加速、倾听等，让节目形成特定的氛围，可以配合动画和花字予以表达，给观众提供看点。在好玩有趣的对话当中，在不影响观众理解对话内容的前提下，可以适当省略或者跳跃，增强趣味性，常见的方式有对话加速等。

3. 语言的前后细节

在综艺节目中，嘉宾对白很重要，剪辑师要注意去抓取嘉宾说话前后的反应和神情。往往一个人在说一句话或者做一件事之前，表情和肢体语言可能会透露内心的活动，而在说话和做事后，这个人对自己言行的态度，如高兴、肯定、犹豫等情绪会延伸开来。所以言行前后必要的衔接很重要。

（九）动作

除了语言的看点之外，有一些语言无法表达的内容，可以通过肢体动作来加强看点。但是表演性质很强的动作，观众往往很排斥，所以剪辑师要抓住嘉宾下意识的动作反应来表现嘉宾的即时心理，让观众理解其心态后引发共鸣。这样的动作可能往往是一瞬间，剪辑师要通过不同机位的反复重放、静帧、慢放等效果，使动作过程尽可能得到强调。游戏类综艺往往更需要强调动作过程，以及动作发生后所引发的结果。

（十）反应

反应对于综艺来说至关重要，它可以调节剪辑节奏，也可以推动舞台气氛升级。在真人秀当中，它往往体现着人物关系以及人物态度。反应镜头的顺序要参考做出反应的人物与事件的关联程度，还有人物的情绪、反应激烈程度。与事件关联密切的人物反打镜头的顺位更靠前，当关系相近时，反应强烈的反打镜头更靠前。

在触发笑点的时候，往往会有旁观者的大笑反打镜头，我们要注意保证事件笑点的完整性，把事情讲述完整，再切入大笑的反应。所以在很多搞笑环节中，剪辑师会采用"反打后置"的处理方式，把大笑反应的反打镜头放在事件交代后的结尾部分。

反应还可以起到片段收尾和隔断的作用。在同一个场景下讲述多个细小事件时，每个事件讲述完毕，最常见的手法是用一个人的反应作为事件的情绪收尾，然后再起新话题，去开始下一件事。

为了达到某种效果和传达某种情绪，在情景不穿帮的前提下，可以选用任何时段的反应作为反打，放在合适的位置。真人秀和舞台表演中的反应镜头，很多并不是当下的反应，而是剪辑师为了传达情绪和推进情节发展，把符合逻辑的反应填充在相应位置。

舞台表演类节目往往会通过穿插带有鲜明情绪的观众反应镜头，引导节目的整体情绪走向，让屏幕前的观众感受到现场的情绪起伏。反应镜头配合音乐节奏，形成整体的舞台表演节奏。好的反应镜头能调动观众情绪，使观众产生共鸣（见图6-3）。

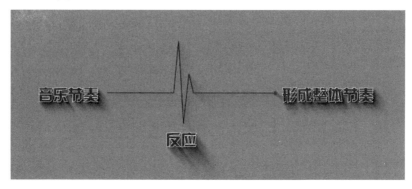

图6-3 观众反应对音乐舞台表演的辅助作用示意图

在真人秀综艺剪辑中，要注意捕捉人物表情，多利用特写镜头丰富剧情和画面。即时的反应可以表达人物情绪的转变，剪辑师通过对这种细节的刻画，能够构建人物心理，强化人物性格。比如：在嘉宾高兴的时候宣布反转的消息，为了表现艺人心理上的落差，不仅要给出失落的反应，还要让观众看到，上一秒天堂下一秒反转的落差是如何反映在艺人表情上的。这种反转的过程要让观众感受到。这种内容是好玩有趣的，也是观众愿意看到的。又比如嘉宾克服困难后的解脱感，或者喜极而泣，这些转变过程要比单纯给某种情绪反应鲜活得多。

三、综艺节目的精剪

精剪主要应把握住三个方面的内容：做点、塑造人物和剪出节奏。

（一）做点

首先要明确综艺节目中"点"的概念，"点"不只是剪辑技巧或者手法，更是亮点与看点。做点的意义是为了让故事更生动，化腐朽为神奇。做点有一个原则，就是要顺其自然。"点"出来的时候应当是顺理成章的，不能做得太生硬。有的剪辑师为了做点而做点，就会很突兀。另一个原则是要抓大放小，否则会让重点被弱化。做点涉及剪辑、包装、花字等多个环节的内容。我们这里讲一下剪辑阶段的几种做点方式。

1. 突出、强调

比较基础的做点手法就是用重复、慢放来强调。这种方式比较简单，但也不能做得太机械。重复镜头要有重复的意义，每一次重复都要有新的信息量。可以通过景别的切换，或者把画面放大，让观众从重复的画面当中看出新的内容。很多人在剪辑重复画面的时候不知道该重复几遍，其实每次重复的画面中能否传递出新信息，就是一个判断标准。

如《爸爸去哪儿》第五季首期开场片段重复了两次。第一次用的是泡芙近景，这是为了让观众看清楚泡芙可爱的表情。第二次把画面拉开，用了一个关系镜头，是为了看刘畊宏的反应，所以重复是有意义的。在泡芙回答问题之前还有一个慢放，把时间稍微撑开了一点。这是做点的另外一个方式。

2. 制造悬念

这种做点方式在竞技比赛或者选秀类节目中比较常用。在宣布结果的时候，往往会跟音乐相配合，人为地把连续画面剪开，中间插入各种人的反应，用来突出大家对于结果的期待感。制造悬念常用的方式有几种：

（1）升格

升格即放慢画面的速度。这种剪辑技巧很简单也很常见，但是要达到制造悬念的效果，选对关键点很重要。

一是"动势"升格。

动作势能最大时，正是我们用升格表现悬念的最佳契机。如《来吧，冠军》投篮环节。投篮时由原地起跳，自然有一个向上跳起的趋势，跳起后球还没有抛出去时，动作势能达到最大。在这里升格，悬念自然有了。因为观众在意的是球是否能进入篮筐，球投出去之前放慢，自然使观众产生一种期待感。这也是制造悬念的宗旨，即不急于给结果。

二是"微表情"升格。

扫码看

微表情往往是一种反应镜头，反应镜头能引发观众共鸣情绪。我们经常会捕捉类似于惊讶、期待、猜测、认真这样的微表情来制造悬念。由于微表情持续的时间很短，这时候作升格处理，会强化情绪的表达，加强悬念感。如《奔跑吧》陈赫与卡尔摔跤片段，每一个微表情镜头都会直接引发观众对结果的期待。剪辑过程中要捕捉最夸张的状态，使其具有一定的情绪表达能力。

（2）快切

快切是对短小的片段进行组接。它可以表达很多的情绪，比如说"争吵（紧张感）"，也可以用于制造悬念。用于制造悬念时，快切的使用实质上也是不急于给结果，即在结果公布之前，通过短小镜头组接来增强表现力，突出紧张感，也带来悬念感。利用快切来制造悬念时一定要注意音乐的选择。快切的表达与音乐的节奏点一定要配合好，所以我们往往选择具有悬念感、紧张感的偏快节奏的音乐。

(3) 黑场

电影宣传片中经常使用黑场，因为宣传片的作用就是制造悬念，给因不给果或给果不给因，带动观众猜测正片是什么样，从而走进影院。真人秀中也会使用黑场来制造悬念。黑场的使用一般配合升格（快切也可以配合黑场），目的就是强化悬念。当然单独使用黑场制造悬念的也有。黑场可以引发好奇、期待等情绪。

3. 渲染煽情

不管是棚内节目还是户外节目，都会有一些煽情段落。煽情不是简单地把一条感人的音乐铺上，而要在适当的时候留下气口，让观众有反应和回味的时间，带着观众情绪走。如《我们十七岁》第13期，郭富城读信环节，这个片段里面加了很多回忆的画面，又对郭富城读信的过程进行人为拉长，每句话之间都留了比较长的气口，虽然说话的信息量没那么大，但是给了观众反应和回味的时间，让观众可以喘口气，去感受情绪。

另外，这种煽情段落中音乐非常重要，这个片段里就用了郭富城自己唱的《时光》这首歌，音乐和情绪相配合。从这个片段里还能看出很多的剪辑手法，包括素材嫁接。其实有很多话都不是他读信的时候讲的，而是他和其他人聊天时说的话，剪辑把这些话人为地放在了读信的中间，起到了铺垫作用。

4. 增加趣味性

做点的时候可以运用一些花哨的剪辑手法，或者包装，如在B站上大家比较喜欢的"鬼畜"，或者跟影视资料相结合。这些手法的运用，会让片子更好玩与更生动丰富。《奇葩说》雷军那期中，趣味性就做得很成功。一般来说，观众对广告会很反感，而且这个广告还做得很长，但是用有趣的形式做出来，观众就会觉得很好玩。

（二）用剪辑塑造人物形象

1. 注意镜头取舍

人物素材的取舍，有一个首要原则，那就是要符合故事逻辑，与故事主线有关系，尽量有趣。每个人物的性格都具有多面性，但是要想塑造一个人物，就需要舍弃一些不那么突出的性格，或者可能不太适合出现在节目中的一面。在剪辑时要保留最能突出人物某一面性格的素材，其他的内容可以舍弃。

例如《我们十七岁》中，孙杨做游戏很认真，胜负欲很强，这对一个运动员来说是很正常的，也是很好的。但如果放在节目中，有的观众可能会觉得他太较真，人物显得不可爱。所以节目就尽量舍弃这一方面的素材，在节目中多保留他呆萌的一面。

2. 把握分寸

在找到人物的一个突出性格来进行塑造时，不能用力过猛，要把握分寸。如果刻画得太满，不仅不真实，还可能会让观众反感。例如《这就是街舞》中，可能想体现易烊千玺的成长变化，第一期中较多地展现了易烊千玺犹豫不决的一面，想随着节目的发展，表现他的成长。但是第一期展现他犹豫的地方有些用力过猛，与后面的反差太大，容易引起观众的不信任和不满。

3. 差异化塑造

一个真人秀节目中往往有很多嘉宾，嘉宾的性格各有不同之处，也肯定有相似之处。为了让每个人物形象都有特色、能被观众记住，就要突出各个人物的不同，进行差异化塑造。实现人物差异化塑造最好的方式是取舍和对比。如《奔跑吧》中李晨的人物形象是最强者，其实有时候其他人也很强，但为了突出李晨的人物形象，就会将表现其他人很强的素材舍弃掉。

4. 注重人物的变化成长

对单一的人物形象，观众会有审美疲劳。在塑造人物形象时，一开始可以不把所有的面都展现出来，而是在节目的过程中慢慢展示，这样观众可以看到嘉宾的变化，感觉到人物是在不断成长的。如《爸爸回来了》中的贾乃亮，其实他在每一期节目录制中都会照顾女儿甜馨，但是在头几期中，剪辑没有将那些内容剪进去，而是在后几期中逐渐地放进来。这样的话，观众会觉得随着节目的发展，贾乃亮慢慢地学会了给甜馨洗澡、换尿布等，从而体现出一个奶爸的成长过程。

（三）剪出真人秀的节奏

1. 心理节奏

内容编排层面，每一个故事之间要有讲述的节奏变化，这就是心理节奏。把握好心理节奏，首先是要确定每个段落的重点，围绕重点来进行编排。好的剪辑是有段落感、节奏感的。

比如《爸爸去哪儿》第五季首期，第一个段落是空镜带入，因为这是一个新的篇章的开始，需要一个有代入感的画面，让大家了解一下环境。然后用嘉宾的对话，引出大家对选房的期待感。到小小春出现，用的是一个音乐的急停，突出他走得慢的特点，然后用纪实的手法，让观众看清楚陈小春有一些着急。最后再到围观群众的摔倒，完成一个收尾。虽然从小小春段落开始，画面节奏已经慢了下来，但是观众心理上依然觉得不断有新的信息出现，所以画面的节奏慢，不代表心理节奏也是慢的。

2. 视觉节奏

视觉节奏就是画面节奏，包括镜头的长短、镜头运动的快慢、剪切的快慢等，是偏技术层面的。画面节奏通常要跟音乐音效结合。

3. 叙事节奏

在综艺的叙事过程中，剪辑师可以通过把控情节的推进速度来控制叙事节奏。在体现具有明显情绪比如悬疑、温情等的环节时，可以通过放慢叙事速度，娓娓道来，展开情节发展，用长镜头、慢放、重复、反应嵌入等手法，让观众有充足的时间去感受镜头的细节和情绪张力,充分代入和理解人物、氛围或者一段关系。在对类似的情节合并讲述的时候,剪辑师可以通过音乐快剪、跳切的方式,省略冗余的交代过程,以镜头快速列举,加快叙事节奏,推动主线进入下一个情节。

四、综艺节目的包装

(一)节目花字

综艺节目的花字文案一般由剪辑师和花字导演共同创作完成。花字内容一般富于信息量或者娱乐性、趣味性。在综艺节目中,花字与剪辑的镜头互相配合,能使节目的故事性和趣味性进一步升级。花字文案应该是越简练越好,字数越多,需要在画面上停留的时间就越长。剪辑时首先要保证观众能顺利读完并理解花字内容,如果一个镜头的时间不够,应视情况顺延至下一个镜头。观众来不及读取的花字信息,宁可不加。

花字可以分为以下几种。

1. 解释说明类

交代时间、地点、人物等信息。常见的有人名条和地名条,与镜头尤其是空镜配合,对故事发生的时间和空间进行必要的信息传达。人名条要放在人物出场的第一个完整的近景镜头内,地名条一般放在故事开场的第一个空镜里。解释说明类花字还用于介绍游戏规则、小贴士等,对于游戏环节的规则进行解释,或者是对重点的科普知识点进行提炼说明。

2. 强调类

强调画面内的重点信息。人物重要对话或者动作行为可以用花字吐槽的方式进行提示与强调。

3. 功能类

包括制造笑点，以轻松幽默的吐槽调侃，帮助观众开掘节目里的笑点；塑造人物性格，对镜头中所表现的人物行为进行总结，突出具有辨识度的人物性格；帮助完善故事逻辑，拍摄或后期剪辑中如果有流程的缺失，可以用文字加以补充、过渡，弥补逻辑漏洞（见图6-4）。

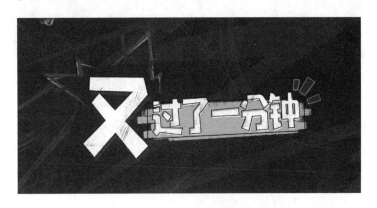

图6-4　用花字解释逻辑的省略

4. 情绪类

一般用在一段故事的开头或结尾，用来烘托氛围、营造意境，或者在结尾进行总结抒情，升华主题。

（二）节目动画

动画CG（Computer Graphics，计算机图形学）是综艺节目中重要的组成部分之一。在有动画创意的镜头中，剪辑师要留出充足的镜头长度，镜头尽可能构图干净，避免抖动。在一些趣味性、发散性的做点中，常用动画作为事件的想象延伸（见图6-5）。动画可以结合情境制作，也可以结合人物性格、动作、语言制作。好的动画设计可以增加节目的可看性。

图 6-5 《奔跑吧》第四季第 5 期动画设计

在综艺节目的大型游戏环节中，对战板是不可或缺的动画元素。在游戏分组或是体现游戏阶段性形势的时候，动画板可以直观地向观众展示游戏进程（见图 6-6）。但是如果过多依赖动画板，也会使节目的割裂感变强。所以一般只会在游戏进度的关键节点展示动画板。

图 6-6 《奔跑吧》第五季第 3 期动画板

本章思考与练习

1. 综艺节目的后期制作流程与其他形态的影视有何异同？
2. 如何理解综艺节目"三分靠录制，七分靠后期"？
3. 如何创造性地利用动画和花字来增强节目的趣味性和传达信息？

第七章

游戏类综艺的剪辑

学习目标

了解游戏类综艺,熟悉游戏类综艺的制作特点,掌握常见的游戏类综艺剪辑技巧及如何制造不同的节目效果。

关键术语

游戏类综艺;竞技与剧情

随着游戏类综艺的不断发展,其宗旨开始由单纯充当快乐源泉逐步转向寓教于乐。体现人文关怀和价值成为游戏类综艺的新目标。例如主打推理游戏的《明星大侦探》,关注网络暴力、抑郁症、人生选择、原生家庭等热点议题,加上每期的高分升华总结,让整个节目在传递趣味的同时,带给观众以启发。

游戏类综艺以游戏为核心,自然格外强调竞技性和对抗性。《全员加速中》《奔跑吧》等节目都设置了竞技环节,撕名牌和猎人追捕的设置,既刺激又充满趣味。游戏中不仅涉及体力竞技,也包含脑力竞技,嘉宾们的战略布局在屏幕上揭示得一清二楚,被提供了上帝视角的观众自然也就对后续的发展充满期待。而不管是竞技游戏类综艺还是体验游戏类综艺,剧情仍然是游戏成功的核心,嘉宾的任务必须包裹在剧情中,通过一个主题将他们凝聚在一起,也由此增加观众的参与度。

一、节目的开头

游戏类综艺的第一期至关重要,要阐述清楚节目主题,说明嘉宾艺人为何加入这个节目。

在游戏开始的时候,要把既定的规则通过开场白或者嘉宾演示的形式解释清楚,而且要把游戏的难度和趣味性讲清楚,让观众了解节目环节值得期待的点在哪里。在第一轮游戏开始时,要注意流畅地展示游戏的全部流程,让观众了解这个游戏的运行机制和奖励惩罚。当所有的内容讲清楚后,就可以逐步把剪辑重点转到对人物、性格、事件的挖掘上来了。

二、导入剪辑

扫码看

扫码看

在游戏开始前,为了让观众能够更直观地了解游戏内容、看点和规则,往往会有对规则的快速讲解剪辑。该片段在讲解规则的同时,也形成了游戏的小型预告片,中间会穿插游戏中的精彩镜头,引发观众好奇,吸引观众持续观看。这个片段被称作导入剪辑,也会出现在游戏环节之间作为衔接,避免因为游戏环节的变更空档造成观众流失。这种预告性质的规则解释,既能调整节目的节奏,也能通过游戏高光片段吸引观众。

图 7-1 《奔跑吧》第五季第 3 期规则介绍

三、游戏综艺中常用的剪辑手法

综艺的趣味性有一部分来自故事节奏的变化。这种变化需要各种剪辑手法和技巧的支撑。我们可以抓住语调、情绪、动作的一些变化来作剪辑处理,使得视频的节奏产生变化。

(一) 快速推/拉镜头

剪辑师想要重点强调某句话的时候,可以使用镜头快推,一般配合音效,产生速度感或者力量感。在反应镜头中,如果想表现人物很震惊,或是感到很突然,也会用快速推/拉镜头去表现。

扫码看

(二) 镜头重复

扫码看 扫码看 扫码看

镜头重复可以是简单的镜头重复,也可以通过对画面施加效果,将画面进行缩放、位移,或是深化、变速处理后,再进行重复。这样既能强调画面内容,又能给观众带来视觉上的新鲜感。在镜头变速的同时,对声音作适当的变速,有时也可以产生有趣的效果,吸引观众的注意。还可以对同一场景,作不同机位和景别镜头的重复,让观众看到不同的画面,注意到更多的细节。重复还可以起到渲染某种情绪、烘托某种氛围的作用,比如重复播放一个画面,可以形成悬念感。配合慢速和反应镜头,还可以营造出紧张的氛围。

扫码看

(三) 局部放大

在综艺剪辑中,当想要强调画面中的某些信息点或者人物表情时,可以用局部放大的方法来实现。当放大头部以强调嘉宾的面部表情时，会有一种喜感。

以《奇葩说》第六季第9期为例，当大张伟说到肖骁头大的时候，用放大头部的方式对画框内的信息形成强调，大头的效果也增加了聊天的喜感（见图7-2）。

图7-2 《奇葩说》第六季第9期局部放大

（四）台词的递减重复

当某嘉宾突然间被吓了一跳，大喊一声"救命啊"，可以递减重复这句台词来增加喜感，让求救的话显得不那么单调，比如："救命啊……救命啊……命啊……啊！！"

（五）抽帧跳切

当节目中有一些突发性的反转，造成一定喜剧效果的时候，可以用抽帧跳切的方式，形成类似连环画的效果，增强喜感。

以《夏日冲浪店》为例，图7-3中赵小棠和韩东君的这番互动就采用了抽帧跳切的方式，配合音乐节奏，像幻灯片一样一帧一帧地把韩东君的动作

扫码看

和情绪变化表现给观众看。这样的剪辑也使得现场的欢乐氛围得到了进一步的强调。

图 7-3 《夏日冲浪店》第 10 期抽帧跳切

（六）升格

我们一般拍摄的镜头每秒是 25 帧，当摄像师在拍摄时改变正常的拍摄速度，比如设置为每秒 400 帧，每秒帧数提高了数倍，这就是高速镜头，也就是升格镜头。当升格镜头以正常帧率播放时，就产生了慢速的效果。升格可以用来表现画面细节，如表现人物肢体语言的细微变化，既强调了人物的活动状态，又为剧情营造出更好的氛围。升格画面还往往可以表现出特别的美感。

（七）降格

与升格相反，摄像师将画面的拍摄速度设置为低于每秒 25 帧，就是降格镜头，这也就是我们常说的延时镜头。延时镜头以正常帧率播放就产生了快速的效果。降格在改变时空关系的同时，还可以获得意外的夸张效果，常常用于大景别，使原本基本处于静态的场景和景物，显得既富有动感又有表现力，比如云海升腾、太阳起落等。

（八）分屏剪辑

扫码看

分屏最常见的就是在对抗性的游戏环节里面，用来展现游戏双方表现的对比，直观地展示对阵双方的即时态势。还有一种分屏的应用场景是，在笑点比较密集的时候，为了不打断叙事节奏，用分屏来加入嘉宾的反应，增加屏幕内的信息量。分屏常被用于网络综艺，可以缩短节目进程，比如对嘉宾的多个动作进行分屏快剪。分屏可以增加调侃的趣味性，配合包装动画使用。还可以用分屏来达成延伸想象类的动画效果。

图7-4中的分屏实例是用分屏的形式表现两人对话的情景，快速地建立起人物对话关系，也拉近了空间位置，直观地向观众展示了对话双方的表情变化。

图7-4 《奔跑吧》第五季第3期分屏剪辑

在《奇葩说》中，为了体现笑点的爆发力，大笑的反打镜头往往会以分屏动画的形式弹进屏幕中，增加了冲击力和趣味性。在笑点密集的环节，如果嘉宾的话还没有说完，紧接着还有陆续的梗，又有好玩的他人反应要抛出来时，以分屏的形式去表现反打，可以保证嘉宾表述的连贯性（见图7-5）。

图 7-5 《奇葩说》第七季第 21 期分屏剪辑

还有一种分屏是信息解释类分屏，例如《奔跑吧》《密室大逃脱》中的游戏解密答题环节，分屏能让观众同步看到嘉宾解题的过程和题目题干，使观众在游戏中有参与感（见图 7-6、图 7-7）。

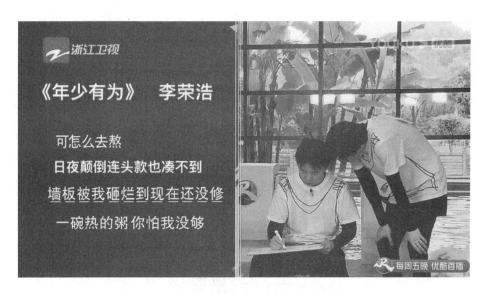

图 7-6 《奔跑吧》第四季第 5 期嘉宾猜歌词的分屏剪辑

图 7-7 《密室大逃脱》第二季第 1 期扑克牌解密的分屏剪辑

（九）画面停顿

也就是定格，画面突然静止，冻结在某一个画面上，主要是用来突出嘉宾的表情或动作，一般配合音效或者动画来使用。

扫码看

（十）变速剪辑

也就是调节镜头的快慢。变速剪辑是对素材的加工。加快速度，可以加快节目进程，强调人物状态；放慢速度，可以突出人物的动作或表情。

（十一）画幅变化

就是对画面幅度的大小进行调节，画面上下可能会出现电影中常用的黑色遮幅。大致包括三种：第一种是全画面；第二种是从全画面缩成电影画面比例，一般在情景剧或表演秀中使用；第三种是缩成全画面的三分之一大小，用来突出重点。

（十二）闪回

闪回是由几个短镜头组成的回顾，用来快速唤起观众的记忆，防止观众忘记之前的节目内容。尤其是推理类或者益智类游戏节目，闪回可以用于回顾嘉宾在前面节目中的言行，帮助观众回忆起之前的情节。闪回还可以将往期节目的画面剪到一起，营造一种浪漫、伤感或者激烈的氛围。闪回还可以用来回放嘉宾在节目外的高光作品，唤起观众对嘉宾身份的认同（见图7-8）。

图7-8 弹窗闪回示例

（十三）动画

即用画面结合动画的方式，渲染情节，塑造人物。

最重要的是剪辑思维，在剪辑的过程中要思考如何在有限的时间内高质量地构建节目内容，既把故事讲清楚，又突出矛盾点、精彩点，增加节目的可看度。

> **案例解读**
>
> **剧本杀类综艺**
>
> 剧本杀类综艺相比其他综艺更强调沉浸感和代入感，要让观众进入故事设定的情境中，观看嘉宾玩家解谜探案的整体过程。在搜证或者剧情的关键情节中，会有固定的影视化的镜头，以增加综艺节目的情景代入感。后期剪辑过程中需要注意多给出展示空间与场景的镜头，带动观众一起推理，产生共鸣。
>
> 此类综艺节目的剪辑手法越来越贴近影视剧，倾向于以影视剧质感为标准进行剪辑创作：从镜头组接、故事线索、氛围营造，多角度多方位对内容进行优化。制作中会增加悬疑氛围感的包装、画面特效和音乐音效，使案件更戏剧化，更具真实感。剪辑手法参考同类型影视剧的镜头组接技巧，常运用电影级空镜画面铺垫剧情，烘托案件细节，渲染剧情氛围。
>
> 此类综艺的后期剪辑会从嘉宾的主观视角出发，从嘉宾所发现的线索点入手，将案件简化，以便观众理解；放大嘉宾反应，配合剧情中的人物关系和故事线，增加节目的趣味性。在后期剪辑时，要重视事件的自发性。录制过程中嘉宾难免出现意外状况，或者推理卡壳，需要场外编导或者NPC（非玩家角色）去推动线索进展，后期要去掉此类环节，保证剧情的流畅，让嘉宾的主动行为成为节目的主导。
>
> 在节目中，当嘉宾发现新信息时，要有必要的判定话语和判定镜头来佐证，例如语句"我发现了一个宝箱……"，"这个就是他用来打开盒子的工具……"，或是线索空镜。这些判定话语和判定镜头，对观众理解内容并增加记忆点有着重要作用，是剧情推动的关键点。
>
> 在剪辑过程中，要保证成员们推理的时候对线索证据表达清晰，并且要通过台词的整理，帮观众梳理出判断的依据或者怀疑的理由，确保整个节目过程中成员们解谜的语言和行为有因果关系，节目前后逻辑关系表达清晰，每个成员的推理思路都有明确表现。推理成功的时候，要有明确的判定性镜头和话语，失败的时候也要有判定性的话语，例如"我们错了"等，表示重新开始。若线索寻找失败还要突出嘉宾的失望

和沮丧，侧面表现嘉宾对剧情的投入和沉浸。

当成员们进入一个新场景，要及时用主观镜头交代环境，也要适当地体现嘉宾进入新环境时的状态。空间转移的镜头逻辑可以从如下角度思考：

每个房间的空镜；成员们的搜索打探；进入某个房间的场景介绍；进入房间的主观镜头（展示房间构成）；房间内各部分场景细节的空镜；成员们的行动……

在解谜游戏中要注意交代嘉宾的行动线，即大家从哪里走到哪里，以及人物行动线之间的联系。例如：分头出发搜证，要去找哪个NPC，等等。最好有交代性的话语直观地表达嘉宾的行动目的，例如"我们去工厂找找吧……""这个屋子里找找看……"等明确的交代性话语。

在解谜过程的镜头处理中，不要试图隐瞒关键线索，故弄玄虚，让观众陷入思考，那样的话，聪明的观众通过和剪辑博弈的反向推理，就可以猜出结果。可以把嘉宾主动发现的所有线索都罗列给观众看，没有发现的线索或者是无用的线索可以隐藏。如果有的线索过于明显，可以选择调整顺序，让事件在靠后的部分发生，移花接木，延迟答案揭晓的时间。还可以通过剪辑，尝试放大其他线索或者剧情人物嫌疑，转移观众的注意力，以声东击西的方法让节目更加扑朔迷离。但是如果刻意隐瞒线索镜头，或者是模糊处理镜头的话，会让观众失去参与感，甚至是感到被欺骗。在开始的时候这样做观众可能会产生好奇，但在结果揭晓后，观众会对前面的内容感到失望。

因为此类节目会包含大量的线索信息，所以后期剪辑时需要在节目中帮助观众总结和梳理线索脉络，避免观众在观看过程中陷入理解困境。节目往往会通过解释性的花字或者整体包装动画去交代事件的因果关系，例如：结合发现的线索1和2，所以甲的嫌疑被排除。另外，空间位置关系也是解谜过程中需要交代清楚的必要信息，让观众了解不同环境之间的空间联系，在节目中多用地图动画去表现（见图7-9）。

图 7-9　用动画和字幕解释移动路径

如韩国密室逃脱类真人秀《大逃脱》，在嘉宾们解开谜题之前，始终不给出后面的线索和内容。场景转换时，运用大量的细节空镜，将观众带入密室中，加强了观众参与感（见图 7-10）。

图 7-10　用线索空镜交代推理信息

再如韩国综艺节目《犯人就是你》，开场并没有用观众熟悉的真人秀开场，而是用嘉宾的自述旁白"我是名侦探"结合特写镜头，给观众展现了一个不一样的节目开头，从而让观众对节目产生好奇。

在节目的解谜叙事中，会有大量的照片信息、资料文档以及细节闪回作为内容补充出现，将观众带入剧情解谜的过程中，让观众参与事件推理。观众通过嘉宾的主观视角，进行头脑风暴，接受其观点输出，在线索中找到答案。

此类信息的传递用到的镜头画面有以下几种：

（1）嘉宾思考时的人物特写（见图7-11）。给出嘉宾思考的特写镜头，表达了嘉宾情绪，也给观众留出参与思考的时间，同时强化了悬疑感，让观众更加关注后续事件及结果的揭示。

图7-11　信息传递镜头示例1

（2）相关线索的文档资料或者道具空镜（见图7-12）。恰当的空镜配合说明性的包装花字，可以进一步对线索和疑点信息进行解释说明，使观众和嘉宾保持信息获取的同步，避免因镜头交代不充分或不及时而产生信息差，妨碍观众体验推理的过程。

图 7-12　信息传递镜头示例 2

(3) 线索推理的动画包装（见图 7-13）。运用动画包装，可以对复杂的推理剧情进行梳理、总结。很多关系、位置等线索信息，是无法用镜头语言交代清楚的，而用动画包装就能恰到好处地将信息表达完整。需要注意的是，全屏的动画包装版式具有段落分割感，一般用在阶段性总结或结尾总结处，不宜频繁使用，否则可能会使叙事显得不连贯。在节目进程中，更多使用的是局部动画包装版式。

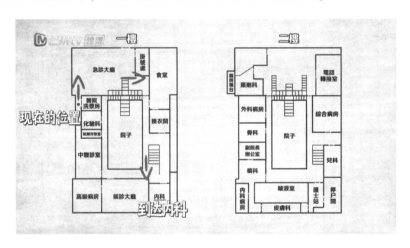

图 7-13　信息传递镜头示例 3

> 节目剪辑中，要抓住嘉宾在解谜过程中流露的真实情绪，包括第一反应和语言，多角度放大他们之间的性格差异，突出嘉宾不同的人物性格，通过细节行为增加观众对于嘉宾的记忆，达到强化的效果。在整季节目中不断强化嘉宾个性特点，使人物设定得到不断的佐证。
>
> 节目要突出那些带领团队扭转困境的成员。在任何一个环节，当某位成员在问题解决过程中做出突出贡献时，应当对其高光时刻加以强调渲染，使观众加深对其的记忆。例如：使用有特点的音乐，强调其他成员惊讶的反应或是称赞性的话语。

四、戏剧性的生成

综艺节目中，导演组为了使节目内容更丰富，情节更具突发性，有时会人为设计嘉宾整蛊环节，即在某位或某些嘉宾不知情的前提下，设计某些意外情境，从而捕捉嘉宾的临场反应，增加剧情的起伏。在后期制作中，有些整蛊要让观众开始也不知情，有些整蛊的事先准备信息会交代给观众，也就是可分为暗线和明线。

暗线整蛊为的是制造故事冲突，让观众的情绪随着剧情的走向而变化，产生共鸣。

例如在《婆婆和妈妈》第一季第7期中，有媳妇和婆婆一起整蛊老公的环节：林志颖的妻子和妈妈假装因为看到网上对节目的评论而生气，林志颖在毫不知情的情况下去安慰妈妈。开始时，林妈妈从邻居电话中得知网友评论，于是装作心态发生变化，生气，要退出节目（见图7-14）。剪辑应强调的是事件的由来和合理性。因为整蛊本身具有很强的故事性、冲突性，所以剪辑不需要过度渲染气氛，只要把逻辑的基本要素合理地给出，让观众相信其真实性即可。

图 7-14 《婆婆和妈妈》第一季第 7 期整蛊环节

暗线整蛊环节剪辑的原则是，事件的发展和冲突的由来要尽可能贴近真实。如果观众已开始怀疑事件的真实性，觉得这是一个整蛊事件，后面的悬疑、紧张、冲突无疑就失去了根基。所以整蛊环节情绪和矛盾的铺垫要格外留心，逻辑基础要扎实，经得起推敲。整蛊的铺垫过程中不要过度追求情节的夸张，可以适当地插入一些插科打诨来缓和气氛，让观众卸掉心理防备。

处理素材时，要根据嘉宾的表现和整蛊的成功度，判定这个事件是否适合暗线整蛊的剪辑思路，因为如果逻辑穿帮严重，嘉宾的表现不真实，漏洞较多，暗线整蛊的剪辑思路就很难执行到位，这时可以选择明线整蛊的方式剪辑。

明线整蛊是让观众知道整蛊的准备过程，带着期待的心态观察嘉宾的反应，好比是带着观众一起去"捉弄"嘉宾。剪辑过程着重渲染滑稽的氛围，强调整蛊人和被整蛊人的表现，并作适当的戏剧夸张。

在《这！就是街舞》第三季第 4 期节目中，每位战队队长要去休息室拉拢其他战队的队员，但过程中要完全听从导播间里其他几位队长的命令。这本身是一个整蛊的环节，观众从开始就知道，所以剪辑在这里所强调的是命令发出者的"狡猾"和被整蛊嘉宾的应对，过程中以音乐营造出轻松滑稽的氛围。从双方的见招拆招中，观众得到"吃瓜"的乐趣满足（见图 7-15）。

图 7-15 《这！就是街舞》第三季第 4 期整蛊环节

整蛊除了完全的明线整蛊和暗线整蛊外，还有一种就是先暗后明。因为节目中一般会有好几组嘉宾，未必每一组的演技都能做到真实可信。剪辑过程中可以把逻辑严谨和完成度高的整蛊过程放到前面去处理。当有漏洞出现的时候，再转去明线，把后续的故事讲完。在真人秀中这种明暗交织的整蛊占大多数，重点是要把握好两条线切换的时机。

五、游戏的解读和复盘

游戏的进行过程中会产生很多笑点，这些笑点未必能在游戏环节中展示利用完全。在游戏的间歇，可以利用嘉宾复盘和调侃的时机去呈现。或者人为制作闪回内容，让观众回味之前的有趣的点，对之前出现的好玩段落进行充分的利用。在事后的吐槽中，事件甚至可以得到新的延伸和笑点的发酵升级，进而实现 1+1>2 的效果。游戏间隙或者结束后的复盘，还可以缓和游戏过程的激烈节奏，起到剪辑节奏降速的作用，形成自然的收尾，从而顺畅地过渡到下一环节。

六、重点挖掘人物性格细节

在游戏综艺中,游戏规则、流程以及场景环节的设置,都是为了刺激事件发生,所以在剪辑中应避免过多强调游戏的流程和结果,否则会让节目缺少起伏,乏味平淡。

游戏综艺往往是通过发布任务发起游戏,让嘉宾进入一个有规则的真人秀中,观众会对游戏有一定预期。但是如果只去讲述这个预期的进展过程,内容会比较平淡。我们需要抓住过程中的"意外场面"来打破节奏,带给观众意料之外的故事,由此产生笑点甚至是感动点。例如"你画我猜"这个简单的游戏,绘画者与观看者之间的信息差异,会引发一些喜剧效果,剪辑师可以抓住这些细节,突出两个人在游戏过程中的行为表现的差异。在有了事件和行为之后,我们还可以进一步对这些内容进行梳理,揣摩嘉宾行为表现背后的心理逻辑。如果反映出来的嘉宾性格是有趣的、好玩的,我们不妨对这些行为进行合并同类项,向观众展现嘉宾反应背后的心理动机的一致性,让观众对人物性格和人物关系有进一步的感受。

再比如我们经常会看到做饭、干农活或者生活体验类的游戏任务设置,这些游戏可以展现出嘉宾能力上的优势强项,观众也可以直观地看到在遇到困难的时候,嘉宾习惯通过哪种方式来解决,比如有的人会破坏规则,有的人会原地打转,有的人会找人求助。解决问题的不同方式体现了不同的人对突发事件的处理能力,其背后更深层的原因是不同的思维方式以及人物性格。对这些细节,剪辑师可以通过一些做点手法来放大,从而让观众有更清楚的感受。

七、角色的代入

一些游戏为了突出竞技感,往往会区分出阵营或分组。剪辑的时候不要忘记不同队员的不同立场动机,把发生的事件和心理动机联系到一起。比如《奔跑吧》里面的弹射飞椅游戏，分为蓝队和红队进行对抗。当一队的队员答对、另一队的队员答错受罚的时候，剪辑师梳理镜头和给反应镜头，要记住队员立场，比如红队受罚，要跟进队友关心的反应，对蓝队队员则要着重强化庆祝感。有时候我们也可以使用一些中性反应，比如睁大眼睛、低头、扭头等不具备明显意义的反应和动作，与嘉宾的角色立场和心理逻辑建立联系，增加观众的代入感。

本章思考与练习

1. 游戏类综艺的后期剪辑有哪些独特之处？
2. 综艺节目怎样在游戏设计中考虑"寓教于乐"？
3. 游戏类综艺剪辑中应如何把握娱乐尺度？

第八章

舞台表演类节目的剪辑

学习目标

了解舞台表演类节目的类型构成及制作特点,掌握针对不同舞台的剪辑手法,熟悉各种镜头的选择及其在表演类综艺中的运用。

关键术语

表演类综艺;舞台表演

一、舞台表演的镜头与景别

综艺节目一般采用多机位拍摄,棚中拍摄基本都有十个以上机位。无论机位有多少,布置机位都需遵循镜头、景别的要求。一些特殊的镜头素材有时也是需要的。

景别是指被摄主体在画面中呈现的大小和范围。镜头可按景别划分为以下几种:远景镜头、大全景镜头、小全景镜头、中景镜头、近景镜头、特写镜头、大特写镜头。

(一) 远景镜头

舞台和环境占据大部分画幅,人物只能大致看清位置关系,一般用摇臂、飞猫等特殊设备拍摄(见图 8-1)。

图 8-1 远景镜头

(二) 大全景镜头

主要用来交代全体人物所处的位置和环境(见图 8-2)。清楚的位置关系能够帮助观众理解故事,也是观众对剧情产生代入感的必要条件。如果空间关系混乱,会导致观众理解对白、情绪等关键信息的困难。

图 8-2　大全景镜头

（三）小全景镜头

能够看清人物全身的镜头，人物从头到脚均在画框内。通常用来表现大幅度的肢体动作，或者展示人物之间的位置关系（见图 8-3）。

图 8-3　小全景镜头

（四）中景镜头

拍摄到人物小腿以上部分的镜头。在同一个画面中，可以表现几个人物及活动（见图 8-4）。

图 8-4　中景镜头

（五）近景镜头

拍到人物胸部以上，或物体的局部，即称为近景镜头（见图 8-5）。舞台表演中此类镜头居多，也是给出观众反应镜头的常用景别。

图 8-5 近景镜头

（六）特写镜头

特写镜头的画面上边框经常切到被摄主体的头顶，下边框一般卡到下巴或者肩膀的位置，取景主要集中在面部，突出人物表情，刻画人物内心活动。相比其他镜头，特写镜头能够放大情绪（见图 8-6）。人物特写镜头最重要的表现元素就是眼神，眼神体现了情感深度，升华了镜头质感。好的特写可以为情绪推波助澜，增加观众的代入感。情绪不到位的特写镜头也可以毁掉一段表演，让观众瞬间出戏。

图 8-6 特写镜头

（七）大特写镜头

大特写镜头是表现细节的镜头（见图8-7），取景只取被摄主体的一部分，如眼睛或嘴巴。大特写镜头的视觉冲击力强，但这类镜头在棚内综艺中用得相对较少。

图8-7　大特写镜头

除了以上镜头之外，综艺节目中还有主观镜头：从人物视角出发，用摄像机代表角色的双眼，展现人物所看到的景象。它代表了节目中人物对事物的主观印象，带有一定的主观色彩，可以更快地将观众引入情景中，了解新的事物和环境，进而使观众与人物的情绪产生共鸣。

摄像师录制的机位景别，有时难以达到剪辑师所需镜头标准，所以后期剪辑中，剪辑师可能要通过对镜头画幅的调整，来取得自己理想的景别。剪辑师还要把录制人员或设备的穿帮，以及构图中的无关区域清理出画幅。整体剪辑完成后，要注意检查画幅构图是否流畅干净。

二、舞台的主题

舞台的主题是剪辑开始时需要明确的。这个舞台想向观众表达什么？不同的节目，舞台的主题不一样，因而剪辑方向也是有区别的。不同主题的舞台带给观众的观感不尽相同。

以周深的舞台秀为例。在《歌手·当打之年》的舞台上，他是以竞演歌手的身份来参与舞台歌曲演出，所以舞台的表演应更加突出个人表现（见图8-8），强调作品的整体性。剪辑偏向于给观众呈现直观的舞台张力，镜头剪切点应配合歌曲节奏和舞台节奏。

在《衣尚中国》中，《画绢》节目更倾向于通过舞台的表现向观众展示传统文化，所以重点是让观众了解画绢的文化内涵，而周深的舞台表演是载体（见图8-9）。所以在镜头剪接上，会更多体现画和人的关系，也会更多地给大全景，让观众了解这种文化符号。淡化了周深表演的比重，更强调歌者和内容题材的融合。

而在《2020最美的夜 bilibili晚会》中，剪辑更强调晚会的现场感，重视舞台的变化（见图8-10）。镜头的景别灵活度较大，观众的反应镜头比重较大，这是为了让电视前的观众有现场感。观众欢呼声的切入也会比前两者更加频繁。

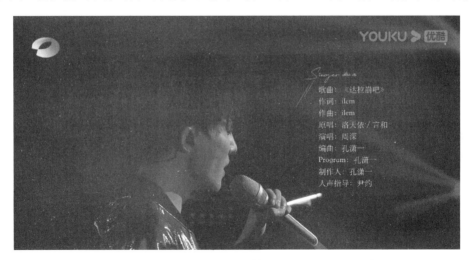

图8-8 《歌手·当打之年》第8期周深《达拉崩吧》

图 8-9 《衣尚中国》第 1 期周深《画绢》

图 8-10 《2020 最美的夜 bilibili 晚会》

由以上案例可见，同样是歌曲的舞台演出，在不同舞台主题的节目中，表现形式也会有较为显著的区别。所以拿到素材，首先要辨别舞台的主题是什么，要表现的主体内容是什么。如果主题定位有偏差，导致剪辑上的"跑题"，后面的细节也就无从谈起了。

扫码看

三、镜头的挑选与剪接

（一）镜头的挑选

在挑选舞台镜头的时候，镜头最好有运镜位移，匀速运镜，且方向不改变，符合歌曲的律动最佳。我们都了解组接镜头要"动接动，静接静"。舞台表演大都有情绪的抒发，如果镜头固定在某个机位上，组接会变得死板僵硬。所以我们要优先组合正在运动的镜头，把它们组接到一起，最好是方向一致。由于棚内空间有限，有的游动机位达到极限位置后会转向再进行移动拍摄，我们选镜头时要避开这种"卡顿"感。

在给大景别镜头时，要确保镜头中涵盖到的所有表演人员状态一致甚至视线一致，注意甄别是否有人眼神游离，或者在调整动作。行动混乱的舞台表演很难让人信服。所以如果大景别镜头中有人动作不统一，不如挑选单人良好状态的近景镜头来使用。要注意避开演员紧盯提词器等出戏状态。

一个严谨的舞台表演，可能会录制多遍甚至是补录镜头。在剪辑前，要先确认前期彩排录制过几遍，正式录制了几遍，是否有补录镜头，避免遗漏重要镜头。要在多次录制中挑选状态最好且衔接起来不穿帮的镜头使用。一般来说，多次录制中每次录制的侧重会略有不同，比如第一次可能会重点捕捉演员单人细节，第二次可能会侧重舞台全景运镜。剪辑时要从主切和副切镜头中，试着了解导播的思路，再去筛选镜头。

在镜头分配中，要注意整体和细节的平衡。比如舞台表演常常会有歌手和伴舞，毫无疑问其中歌手是主角，歌手演唱时投入的状态、表情的张力都是要着重表现的，但是歌手和伴舞的舞台关系、集体的动作、舞蹈呼应等状态也是不能遗漏的内容。所以剪辑时要把握好整体和细节的镜头分配比例，灵活应变，让观众在沉浸于舞台气氛的同时也能抓住细节、感受情绪。

（二）歌曲前奏的氛围营造

歌曲前奏的氛围营造是一首歌曲的舞台仪式感的来源，舞台的第一眼质感就是在这里产生的。好的开头可以让观众投入观看情绪中。可以抓取舞台现场的雨幕、火焰、灯光等空镜元素，配合叠化、分屏等方法，尝试组接出具有氛围感的开头。这些舞台元素也能让表演更有沉浸感。

（三）舞台表演的镜头切换

镜头切换时机无非以下三种：动作气口、画面气口、节奏气口。这是对新手剪辑师来说要优先考虑的几点，这几点把握好，片子观感就不会出问题。对于成熟剪辑师来说，需要考虑的因素可能会更多，比如是否有穿帮、机位的调控配合、镜头多样化、细分节奏等，综合来考量镜头的组合选取。

切换镜头时要遵循30°原则和180°原则，但是舞台剪辑中并不是完全不可以越轴。如果想突出舞台表现力或者情绪的强烈反差，可以打破规则，在合适的时机组接越轴镜头，给观众带来更强烈的视觉或者情绪反差。

除了镜头的衔接角度外，还要注意景别的衔接，上下镜头之间要岔开景别。如果左侧特写接右侧特写，左侧中景接右侧中景，容易造成视觉上的跳跃，这样的景别衔接过多，舞台观感也会缺乏冲击力，因为景别衔接没有力量。好的舞台表达是该拉开景别时果断拉开，该推近景别加情绪时果断推近，有推近有拉开，镜头才有力量，情绪的冲击力才会变强。两极镜头的使用就是这个原理。

当镜头画框里的运动幅度超出了画面范围时，也要果断切换，给予更大景别，表现表演者的状态。比如《国家宝藏》的木雕金漆神龛一期，从兄弟二人跪拜神龛的镜头组接中可以看出，一个人跪下之前，要从近景的景别提前拉开到全景，交代动作的行进情况。

在歌曲舞台的镜头组接中，要尽可能帮助观众还原舞台的空间感，避免反复切换正面景别的几个镜头，避免舞台表现力平面化、观感平淡。要充分利用不同角度的机位镜头和运动机位,交叉使用。如果一个舞台可以用八个机位去展示,其观感一定会比反复使用四个机位要好,至少观众能够接收到的信息量要更多。在切镜头的时候,要避免反复使用两个机位反复对切,即便你觉得这两个镜头的表现力很好,也应该加入其他的机位景别,把镜头切换调剂开。在适当时机插入一些不常用的机位,镜头切换才不过于呆板。

(四) 镜头与旋律

镜头的最小单元要确保动作能看清。观众看一个舞台表演,除了享受音乐的节奏之外,最重要的是能看清舞蹈者的动作、演唱者的脸以及表演者的位置关系,这些是最基础的信息。所以舞台关键信息点至关重要。

歌曲和舞蹈的舞台表演要尽可能保证镜头的呼吸感,画面节奏不要平均分配。镜头需要配合音乐,以镜头的运动形成律动。使用过多定点机位会使舞台呈现显得呆板,镜头组接上也会有很多限制。

慢动作镜头可以突出细节,提升舞台质感,可选择在间奏时使用,或者节奏有明显降速的时候使用,但是不可以滥用,例如演唱过程中就要慎重,如果出现了口型的声画不对位,就会让观众觉得很不舒服。

要根据旋律情绪来选择镜头组合。如果歌曲开头比较柔情,就尽量选择小幅度缓慢位移的机位,随着歌曲情绪和节奏的不断升级,再尝试去选择有更大幅度位移的镜头进行组接。切镜头时要体现节奏的层次,不能一味快切,也不能一味使用长镜头,应根据歌曲的节奏和情绪,处理镜头运镜速度、切换频率和景别深浅的搭配,层次清晰地表达出旋律的渐变过程。

慢节奏律动的歌曲,景别切换要更丰富,镜头运镜和镜头承接要符合歌曲韵律。节奏慢的歌曲中,瑕疵是很容易被放大的,所以越慢的歌往往越需要沉下心去修缮每个细节,因为如果镜头拖沓或者是情绪脱节,观众是有足够时间察觉的,所以保证情绪连贯和每个镜头的情绪饱满,是剪辑时需要反复把控的。现在的综艺舞台表演,慢歌往往会伴随着后半段的升调或者情绪升级、气氛升级,镜头的组合要体现出气势变化,以及乐器的递进加入。在没有歌词的间隙,要适当切入新鲜元素,丰富内容和节奏。要体现出不同的情绪状态下,节奏发生了哪些变化。

（五）舞台反打镜头

在舞台表演类节目中，恰当的反打镜头即反应镜头可以帮助观众快速融入现场氛围，更好地代入节目情绪中。热闹的现场气氛，对于舞台表演的情绪升级也能够起到很好的推动作用。

如《说唱新世代》的舞台秀《懒狗代》中，当歌曲唱到中间的高潮部分，便用了台下激动的导师反打来使节目气氛进一步升级（见图8-11），点燃观众的情绪，引发情绪升级。

图 8-11 《说唱新世代》舞台秀反打镜头

反应给出的时机要对应舞台演出的表演情绪，当舞台气氛热烈时要配以激烈情绪的镜头，在舞台演唱的换气区间，可适当选择一些倾听的镜头，匹配观众状态和情绪。

给舞台表演添加反应镜头需要注意，反应镜头给出的次数不要过于频繁，要选择合适的时机插入。通常有以下几种情况：

（1）舞台气氛升级时可以给出反应镜头。
（2）舞台表现力变弱时可以接入反应镜头。
（3）舞台内容删减、需要过渡镜头时可以接入反应镜头。

（4）需要反应镜头与舞台表现形成呼应或共鸣时可以接入反应镜头。

反应镜头的构图也要调整到合适的景别再使用。比如在反应镜头中，人物画面上框不能卡额头，头顶上方要留有画面空间，下方最好留出反应者的肩膀，尽可能保证反应镜头主体在画面的视觉中心。

表现多人反应时，要注意保证画面中观众视线、情绪进度的一致，因为录制现场往往会有多个大屏配合舞台，方便观看现场表演，所以有的观众可能会看大屏，有的观众习惯直接看舞台，视线方向可能不一致。使用反应镜头时要注意筛选。在舞台表演进行中，观众对笑点、信息点的接受和反应时机可能有所不同，如果相邻观众呈现的反应不一致，或者反应有较大的时间间隔时，这种反应也不应在我们的选择范围内。

除了切出单个反应镜头外，反应镜头还可能以 2—3 个为一组的形式出现。这时，需要注意反应情绪的释放进程，比如，当第一个观众的反应是开口大笑时，第二个观众的反应就要从大笑的情绪开始衔接，第三个观众的反应就需要注意反应的收尾、情绪的平复，以便再次切回舞台表演。情绪的收放适度才能让表演的节奏流畅。

最后要注意反应镜头的时长。反应镜头不宜过长，但最短也要有 1 秒以上，能让观众看清且捕捉到情绪内容。反应镜头过长会破坏舞台表演的连贯性。

（六）舞台中的人物关系表达

扫码看

无论是歌曲还是舞台剧的表演，都应注意人物关系的表达，比如场上的选手是对手还是搭档关系，他们的台词、歌词、状态中是否有呼应的部分。例如《说唱新世代》有一场表演的歌词内容讲的是两位选手的日常争吵，所以歌词提到具体选手时，剪辑师会给出此人的反应镜头去呼应。再比如《谁是宝藏歌手》里李莎旻子和陆虎表演的《夜车》中，两个人的一些默契温暖的互动，都会以成组的关系镜头来体现。而且这首歌的小提琴演奏者是陆虎的妻子，为了突出妻子专程到场助阵，后期剪辑给了较多的二人同框景别去加以突出（见图 8-12）。当剪辑师把一些带有情绪意义的信息点传递给观众时，容易引发观众共鸣。这是除了贴合歌唱舞台的音乐旋律外，更深层次的剪辑细节，可以更好地激发观众情绪，甚至升华舞台主题。

图 8–12 《谁是宝藏歌手》李莎旻子与陆虎舞台

本章思考与练习

1. 舞台表演类节目的后期剪辑有哪些独特之处？
2. 舞台表演类节目剪辑与节目导播的区别有哪些？
3. 如何理解剪辑师是"舞台情绪的传递者"？

第九章

真人秀剪辑

学习目标

了解真人秀的后期制作特点，明确真人秀中剪辑的叙事和人物塑造作用，以及音效使用对于真人秀节目的影响，认识并初步掌握综艺节目的后期"做点"。

关键术语

真人秀；剪辑叙事；声音剪辑；情绪点

棚内综艺一般都会有清晰的节目流程，因此节目主线会非常集中，后期剪辑时有章可循。真人秀的故事线则比较松散，素材量相比于棚内综艺也大得多。对真人秀剪辑来说，最重要的能力是对海量素材的提取能力和对叙事线索的逻辑结构能力。

一、如何剪出故事？

在真人秀中，故事是节目内容的载体，故事中的人物性格是要着重突出的部分。剪辑师思考的重点在于：如何把琐碎记录的日常信息，通过某个线索，串联成有趣、有观点的故事。对任何综艺来说，娱乐性都是节目的传播属性，但光有娱乐性和有趣是远远不够的。观察素材、通过素材梳理最终传递出激发梦想、表达情绪、展现人物关系这些深层内容，是后期剪辑的核心工作任务。

我们经常看到综艺节目会把嘉宾放到各种情景中去行动、表现。剪辑师要明白节目策划的思路，比如：他们为什么要比赛？为什么要做饭？为什么要一起旅行？先想清楚这些"为什么"，才能理解每一场拍摄想要表达的内容，分析出人物之间存在的关系。读懂素材，是剪辑创作的开端。比如：通过一项任务→嘉宾在艰难条件下互相帮助→表现成员间的关系和每个人的性格，这就是能够给人留下记忆的综艺片段。

我们看到现在越来越多的节目在原来的模式中加入了大量真人秀元素，如《乐队的夏天》《说唱新世代》《青春有你》等，它们就不再是单纯的歌唱或者竞赛选秀类节目。通过场景任务，激发选手的个性表现，从而产生辨识度，让观众更容易记住他们，这需要有逻辑的故事作为载体。尤其是在真人秀中，那些不完美却很认真的选手，就有了更多脱颖而出的机会。剪辑中不必过度执着于规则和结果，要重视过程中的故事，它们是表达的抓手。选手背后的故事、个人情况、参赛背景等容易让观众产生共鸣的内容，能拉近与观众的距离。

过去的节目多是通过艺人访谈，让他们把自己的故事讲给观众听，增加观众对艺人的了解。现在则是通过他们在节目中的表现，以及人物之间的关系，吸引观众对内容产生好奇。所以怎么强化细节，是剪辑师应该思考的重点。

（一）后期剪辑的故事创作与考量

综艺节目大多是现场录制拍摄。导演组在录制前会和团队、嘉宾沟通好录制的大体内容和方向，在节目开机后，就全靠嘉宾现场即兴发挥了。好比一支球队在比赛前会有教练团队去布置战术，但在比赛开始后，场上队员的临场发挥决定了比赛的精彩程度和内容走向，此时教练团队很难再产生决定性的影响。

真人秀录制的素材量一般会比较大，事件和信息散见于录制中，如何把零散的信息串联成一条引人入胜的故事线，是剪辑师在后期剪辑中需要考量的重点。能够提供完整的故事结构，表现节目的主题内容，是综艺节目能在自己所处的细分领域内脱颖而出的关键。

剪辑时首先要确定故事结构，梳理故事脉络，分析剪辑的每个时间单位要表达的是什么。在确定结构的过程中，剪辑师要学会合并同类项，抓住人物、故事、情境的相似性，剔除冗余片段，把相似的情境或者行为联系到一起，或者是串联起来当作整体去看待，保持表达的趣味性和流畅节奏。

真人秀的核心在真，只有真实的故事才能引发观众共鸣。抓住特定角色在特定情境下的第一反应，抓住其心理和行为特点，整理出故事，展现出有逻辑的、有连续性的戏剧效果，这种表现方式就是具有张力的。在故事中创造"无法预测性"，施加变化和转折，制造突如其来的紧张感和笑点，都是增加故事可看性的手段。

（二）综艺节目故事的四大元素

1. 语言

挑选人物最核心的观点输出，还要注意把握人物说话的时机，谎言、沉默、倾听这些也是需要注意抓取的对象。从语言入手，还可以观察人物说话的神情、态度，解读更深层次的心理动机和情绪变化。

2. 肢体

某种特定动作，通过反复、夸张等做点手法，可以形成节目中的笑点或者是关键点，比如投篮成功的决胜球等。肢体语言是语言的一种有效补充。

3. 角色

在综艺中，角色往往是后期赋予的。为了使故事内容更加充实和具有可看性，要去挖掘和塑造角色。比如哪些嘉宾之间有竞争关系，谁处于劣势、谁处于优势，都需要剪辑师去赋予角色属性。

4. 情境

综艺节目前期策划时会设置特定的背景来展开故事，例如孤岛生存、影视角色扮演、历史人物演绎等。后期剪辑时要运用具有代入感的音乐、音效以及风格化的包装，帮助观众进入情境，即综艺"影视化"，提升内容质感。

二、如何剪出人物？

（一）人物出场的剪辑

人物的出场亮相要能够给予观众对于人物的第一印象。可以以嘉宾的穿着、气质、背景、能力为抓手，找出其与其他嘉宾相比特有的辨识点，用风格鲜明的音乐和镜头加以突出强调，增强观众的记忆。

人物的出场要忽略过往人设定位，把剪辑重点聚焦于戏剧性事件。在剪辑过程中，要让观众有一个循序渐进去认识人物的过程，通过一系列精彩故事的演进，让观众跟随剪辑去探求人物个性。

（二）人物的角色定位

角色的刻画在任何影视作品中都是不能回避的关键。综艺节目是一个群像结构，好的真人秀需要强化嘉宾的人物性格，并尽可能做出差异，突出辨识度。嘉宾如果没有鲜明的性格特点和个人风格，就无法被观众记住。嘉宾性格同质化对于综艺节目来说不亚于一场灾难，对节目趣味性和收视都会有很大的影响。

无论是户外真人秀还是棚内综艺，人物性格都需要剪辑师去重点表现。事件和情节对应着人物在其中的各种行为，应通过事件去捕捉人物的第一反应，通过人物的表现推敲人物的个性和心理，还有人物彼此之间的关系。剪辑过程中应注意总结归纳，挖掘人物内在动机。与此同时要注意，塑造人物是一个动态的过程，人物的塑造既有连续性，随着事件的推移和情境的变化，人物的性格也会有相应变化。

在戏剧领域，编剧追求"圆形人物"，即追求主要人物性格的饱满；在综艺节目中，编剧则偏好"扁平人物"，常常会给人物加上一个人设，通常是一个人最容易被人记住的方面，方便观众在一周后再次观看节目时还能想起这个人物。

人设也不是一成不变的，编剧在和嘉宾相处过程中，会暗中观察嘉宾适不适合这个人设，如果不适合，可能会做出调整。例如在《极限挑战》第一季节目中，张艺兴还是一个会被孙红雷骗而在地铁上流泪的耿直男孩，被冠以"小绵羊"的人设；到了第二季结束，随着张艺兴在节目中的表现越来越成熟，变得有勇有谋，人设也随之往"小狐狸"方向转变。在不同的节目中，同一嘉宾面临着不同的规定情境，也可能会有不同的人设。

（三）塑造人物

人物的性格是通过行为塑造出来的。剪辑师在塑造人物的时候首先要把握住真人秀的"真"，并确保人物性格的大方向没有偏差，再在真实人物性格的基础上，进行戏剧化和剧情化的夸张和演绎，使得人物性格鲜活生动。要注意的是，塑造人物性格不仅要看他如何说，更要关注他如何做，要以事件表现去验证人设。

综艺后期剪辑中，塑造人物的方法有以下几种：

（1）内心独白，自我介绍。
（2）用第三人的介绍、反应去烘托。
（3）通过事件冲突或者节目任务中的处理应对去表现。
（4）抓住细微的神态、动作或语言进行突出渲染。
（5）对行为特点作集中归类和提炼总结。
（6）与其他嘉宾艺人的行为进行对比。
（7）与艺人自己在其他节目中的形象或者日常形象作对比（反差萌）。

剪辑师要帮观众归纳总结嘉宾的行为习惯，嘉宾的幽默、聪明等品质，往往可以赢得观众的喜爱。但人无完人，每个人都有优点和不足，人物的一些弱点或者缺点，也能拉近嘉宾和普通观众的距离，使人物形象更容易得到观众认同与共情。透过一些细节，可以让观众在嘉宾身上看到自己生活的缩影，让节目更具真实性。

（四）人物的成长线

每个嘉宾在一季节目录制中可能都会有自己的成长线。性格的改变和成长，应是循序渐进且有事件去触发和铺垫的，人物的变化应该符合节目起承转合的故事发展和观众的认知规律。例如在《爸爸去哪儿》一季节目结束后，父子的感情是否得到了加深，父子双方是否有了成长和进步，这些过程应是符合事物正常发展规律的。所以人物性格有时可以发生变化，但不可以随意改变人设，一定要有缘由，有事件和表现作为支撑，有渐进的过程。

三、如何剪声音？

（一）语言表达的剪辑

语言表达是真人秀节目的重要基石，而把语言表达的重要性发挥到极致的就是演说类真人秀，比较典型的如《我是演说家》等。在这类节目中，嘉宾通过富有情感的演说，用语言表达的形式传递情绪和内容。看演说节目就像读一本书或者是看一篇文章。演说的总体结构大体可以作如下划分：章节—段落—重点。

在其他种类节目语言的后期剪辑中，剪辑师也要像解构演说一样，去处理人物语言中的感情和节奏，把嘉宾的说话内容按照理想的情绪和节奏演绎出来。这就需要我们去分析前面说到的语言结构。与此同时还要注意说话人的语速、气口、话口是否合理，语句停顿是否恰当。要尽可能帮助说话人去掉重复冗余的词汇，使得语言表达流畅，逻辑清楚。

一个演讲或对话中可能嘉宾会列举多个事例或者角度来诠释自己的观点，我们可以把其中的每一件事当作我们的一个章节，每个章节都可以看作是一个独立的故事，它的剪辑结构也相对独立。每件事都有着起承转合的情节发展，我们可以把每个情节看作是一个段落，不同的段落分布着不同的情绪，剪辑时需要注意切换不同的音乐去渲染。段落下是语句的重点，我们要对重点强调的观点或者语句，用更深更近的景别予以突出。

（二）音乐选择

在综艺节目的剪辑中，音乐是非常重要的一个部分，音乐的情绪节奏与画面的内容相吻合，就能起到对画面进行描述、解释和渲染的作用。剪辑过程中，通常情况都是先剪画面内容再加音乐。对于比较短的片段，也可以先确定音乐再去剪辑内容，比如节目的先导片或者宣传片的最好的剪辑方式是先确定好音乐，再根据音乐调性、风格和节奏来剪接画面与内容。

真人秀音乐切换的频率相对于电影电视剧较快，音乐的风格更加多样化。剪辑师要有自己的音乐音效库，锻炼自己总结和定位音乐的能力。不要用常用的流行歌单人云亦云，应注意收集电影、电视剧、综艺中的插曲，以及各种纯音乐，使自己的音乐库元素丰富。

综艺的音乐绝大部分为纯音乐，音乐元素不宜过满，信息量应适中。电子乐、Rap等元素密集的音乐不适合用在综艺中。有歌词的音乐需要慎重使用，以免干扰对话与旁白。

收集音乐首先要做的就是了解音乐风格、音乐配器、节奏拍子、表达情绪，从而利用音乐的属性来帮助叙事。

扫码看

音乐风格有民歌、爵士、蓝调、摇滚等，不同音乐风格的旋律调性有不同的适配场景。音乐情绪有欢快、轻松、滑稽、振奋、大气、史诗、积极、惊悚、悲伤等，还有更多的细小分支。整理音乐时要注重甄别，不能生搬硬套，要根据素材的内容灵活选用。

音乐配器有钢琴、小提琴、大提琴、吉他、贝斯等，不同的乐器有自己独有的音色，音色的加持会使旋律获得意外的加分效果，比如大提琴的庄重严肃、古筝的古典风情、尤克里里的开心放松。乐器的音色对音乐的情绪有推波助澜的作用，选择音乐的时候要注意甄别哪种乐器演奏的版本可以更好地抒发情绪。

扫码看

除了以上这些以外，还有一点至关重要，就是音乐行进速度。音乐的行进速度大致分为广板、慢板、柔板、中板、行板、快板、急板，对应不同的节拍器速度。需要注意的是音乐的行进速度不要干扰艺人的对话速度，音乐速度不妥会影响观众对节目内容的吸收。当笑点有很多排比案例或者气氛特别热烈的时候，可以考虑使用一些快节奏的音乐来撑起节奏和气氛，其他时候则要慎用快节奏音乐。

使用音乐要考虑节目内容、场景、人物性格、服装风格、语言节奏等元素。比如一场沙滩排球的游戏，可以联想到的音乐有尤克里里、放克等音乐元素，如果用摇滚、金属、民乐就不合适了。

以下提供一些乐器的风格特点供参考：

小提琴/大提琴：拉弦乐器，突出情绪，节奏鲜明。

贝斯：偏向于营造氛围节奏，偏西式古典。

尤克里里：活泼跳跃。

萨克斯：悠扬，反差，古典。

手风琴：可以突出年代感、地域。

单簧管：悠扬，冷门，冷幽默。

唢呐："鬼畜"，氛围反差，突出气氛离谱。

竖笛：悠扬，生活气息。

琵琶：节奏偏缓慢，多代表民族性。

民乐：武侠风，民族感，节日喜庆。

音乐的欲扬先抑或者先扬后抑，可以形成前后节奏的反差感，达到搞笑目的。还可以尝试利用反向的音乐表达，比如当一个人无厘头地极度悲伤时，可以加搞笑的音乐，一个人过度自负时加尴尬的音乐，一个不修边幅的行为加优雅的钢琴曲，会使观众对剪辑片段记忆深刻。

音乐往往还可以与嘉宾艺人对白内容进行匹配。比如提到了破案，可以用侦探动漫的插曲，提到美食，可以用美食纪录片的插曲，通过大众熟悉的配乐来引起观众共鸣。

在音乐的整体架构里，要注意连续几段内容的音乐不要使用情绪相同或者相近的音乐来组接，这会使情节变得没有起伏，失去新鲜感。变化和反转正是综艺音乐的灵魂所在。

（三）音乐衔接

在真人秀中，音乐衔接的意识是十分重要的，因为情节演进或反转往往比较快，需要音乐随时随地做出相应变化。音乐应在内容段落变化时即时切换。音乐剪辑也能控制节目节奏的快慢。

音乐的剪切点可以依据以下几点判断：

(1) 语言出现趣味点；

(2) 动作出现趣味点；

(3) 游戏关卡的变换；

(4) 故事中的主体人物发生改变；

(5) 事件发生了转折，或者出现了关键的新线索；

(6) 形势或者情绪升级；

(7) 一个事件结束。

在综艺节目中，随着故事的推进，以及新的信息点的产生，剪辑师需要把想强调的部分通过音乐的变化予以突出。

扫码看

以形势或者情绪发生了升级为例。在《婆婆和妈妈》第一季第3期节目中，张伦硕的妈妈听到伊能静婆媳二人说"我们两个最喜欢被赞美"后，夸赞的力度大幅增加，开始了一大波夸奖。故事中的人物在接收到新信息后，内心发生了变化，情绪升级，如果沿用之前的音乐，就表现不出人物的内心变化了，所以情绪升级时，音乐也发生了变化。

节目中每个片段的时长不一，音乐往往需要进行剪裁拼接后才能与画面时长相匹配。真人秀中音乐时长一般在 30 秒以内，如果情节反转节奏比较快，音乐可能会更短，在音效配合下甚至 10 秒左右音乐就会发生情绪转换。

音乐的结构常和视频内容的结构相似，有开头，有小高潮，有副歌，有大高潮和结尾。在剪接音乐时要遵循有头有尾有高潮的结构，就像一个波形图，有头和尾，还有一个高潮的波峰，称之为"波形原则"。这样的一首音乐才是完整的。与此同时，我们要抓住画面内容的开头、高潮、结尾处与之对应。不要在音乐的高潮处通过叠化强压音乐结束，这一阶段往往是观众注意力最集中的阶段，在这个时候切断音乐，往往很突兀。

举个例子，图 9-1 表现了一场戏的配乐，这场戏中包含了一点情绪高潮（顶部轨迹—粉色区域），周围是情绪低一点的区域（顶部轨迹—青色区域）。简单地插入一首音乐可能不会在正确的时刻反映正确的情绪强度，因为音乐的高潮在画面高潮的右边。这时，就需要调整或编辑音乐，以匹配画面的情感起伏，把两者的情绪点加以匹配，才能传递出想要表达的情绪。

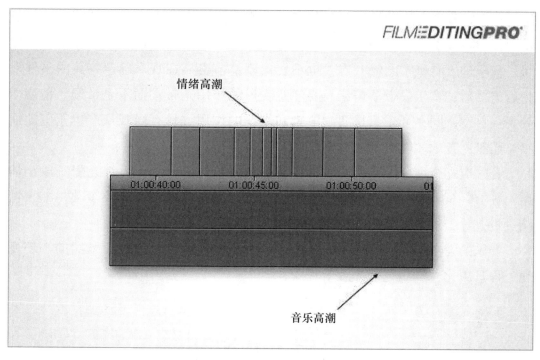

图 9-1　音乐情绪和镜头情绪的匹配

我们应抓住音乐节奏章节重复的部分进行组接。如果是鼓点类音乐，可以在音乐鼓点的位置直接进行拼接，如果是旋律类音乐，可以在音乐相似波峰位增加6—8帧的叠化，使音乐的过渡自然。

音乐小调变大调旋律，或者有新乐器元素加入过渡区间，在音乐衔接中要予以体现，否则音乐的衔接会不自然。一般一段音乐的气口就是节拍点，两个画面的衔接处可以采用这个点。一般拍子踩中30%—50%即可，不要把拍子全部踩中，否则框架和内容会被束缚住，节奏缺少变化，镜头长度也受到制约。

我们还可以在音乐和音乐之间留出空隙，加上环境音、音效或者旁白，混淆重置观众的视听记忆，给下一首音乐的引入留出空间。音乐进入的时机要仔细把控，切入的时机不要太早。比如在抒情环节中，音乐可以在关键的抒情话语输出后缓慢响起。

（四）音乐结构

如前所述，音乐的起点一定要在事情发生后，或者是情绪产生后。观众还未能完全接收到全部的情绪铺垫信息时，音乐进入会打乱原来的情绪节奏，显得生硬。在笑点的剪辑中，搞笑音乐过早地进入，也会造成破梗，减少包袱效果。音乐进入时机宁愿慢一点，也不要抢剧情节奏。在观众确定搞笑的事件发生后，再通过音乐去带动情绪。要注意音乐的作用是带动而不是带领，情绪需要观众自发认同，音乐只是起到渲染和烘托的作用。只有当观众产生相应的情绪意愿时，音乐才能更好地发挥作用。

音乐应配合情节变化，要对特定章节按照情绪划分段落。综艺里一段小情绪一般10—30秒不等。如果一段情绪过于冗长，片子会缺乏节奏变化。如果情绪过短，片子的节奏会碎片化。

音乐的铺垫不能大水漫灌，要通过划分细小情绪，把节目中嘉宾的心理变化过程具象化、鲜活化地体现给观众。

（五）音效

音效是综艺里最小的声音元素，一般用在综艺里点缀节目节奏。音效是音乐的方向盘，在音乐的节奏出现转折或者结束时，往往会有音效的伴随。

1. 音效的分类

音效大致可以分为以下几大类：

（1）信息提示类音效。例如发现新线索、花字信息更新、游戏给出答案信息等。

（2）氛围强化类音效。比如悬念重音、空灵停顿、浪漫爱意等。

（3）画面运动音效。比如在推屏转场、分屏的切入切出、弹窗等画面变化时，后期剪辑会加入相应的音效来表现灵活的动态效果。

（4）搞怪滑稽类音效。在节目需要制造笑点时，用表现尴尬、惊讶等的音效加入进来，可以体现情绪走向。也可以用来调节说话节奏，使之变得好玩有趣。音效还可以代表剪辑师对于嘉宾当下行为的调侃，比如"哎呀""噫"这些吐槽。

（5）电子科技类音效。这类音效适合科技类转场，也可以用作信息提示，在有些节目中地名花字、人名花字出现时弹出，显得更加灵活。

（6）拟声类音效。节目中需要模拟一些现实音效，例如时钟、火焰、照相机、车水马龙的路口等。拟声类音效的加入会使综艺元素更具真实性，也使得节目的声音元素更加丰富。

（7）观众音效。在棚内节目中，为了模拟出现场观众观看节目的反应，后期会加入观众的各种声音效果，常见的有笑声、欢呼声、尖叫声、嘘声等，使得现场气氛更加饱满。在户外真人秀中，有时也会加入适量的喜剧化笑声，以避免出现情绪的尴尬或真空。

2. 常见音效及其作用

（1）Whoosh/呼呼声。形容物体动势，常用于表现物体飞快地移动的速度感，或者是快速的运镜位移。例如飞机快速地从画面中掠过，或者是航拍镜头的一个很有气势的加速，舞台的一道灯光快速扫过等。它是用来表现速度最常用的音效之一。很多人把它简单理解为转场音效，其实这种认知是不准确的，因为如果没有快速的动势或者位移画面相配合，把这个音效用于转场也会显得生硬，反而弄巧成拙。

（2）Undertones/低音、暗调。常用在开场去进行气氛代入，作为一种声音基调，给观众埋下故事情节的心理预期。和环境音效的区别在于这是一种由乐器发出的音效，并不同于环境音。

（3）Gleams/闪烁。可以参考《哈利·波特》电影中"荧光闪烁"这个咒语的音效。除了配合发光发亮闪烁画面之外，也常用于发现新线索、发现希望等场景，引导暗示情绪走向。

（4）Risers/上升音效。这类音效像是打击重音音效的倒放，声音从弱到强，增加紧迫感，并在声音上升到最强的时候戛然而止，引导观众产生即将有事件发生的预期，常用来制造悬念。

（5）Hits/打击重音。在重击、碰撞等场面中比较常见。也常用于预告片和宣传片中，强调某些动作场面的音效、语言态度以及情绪。还有就是在释放字卡时会常用到。其根本作用还是吸引观众注意力，或者制造冲击感。

（6）Moments/瞬间、时刻。怎么去理解视听语言的瞬间和时刻呢？不是大家第一反应想到的击打和碰撞瞬间。这种音效，其实多被用于放大情绪瞬间，比如说看到希望的一瞬间，或者是梦想破灭的一瞬间。有的人会把它单纯地理解成嗡嗡声，当然这是从它的音色来说的，有一些确实是这样。

（7）Atmospheres/气氛音效。作为氛围背景音或者环境音使用。可以把它当作视频内容中的一个声音基调，它可以增加声音元素的层次感，也代表着最基本的情绪走向。情绪可以是想象和营造的，剪辑时不一定要严格受现场实景声音制约，可以适当发挥想象，去营造符合情绪的氛围音效，铺在非叙事段落可能会有意外的效果。

（8）Glitches/脉冲干扰。这类音效大都由科技电子音合成而来，除了用作信号干扰、画面扭曲、跳帧时的效果音效外，还用作新信息，如 tips（提示）或者地名条的动画音效。

（9）Percussion/打击乐器、鼓点。用于内在节奏点的创造。它可以为视频增加新的画面节奏点，也可以作为心理节奏的暗示，使声音元素具有行进感。配合气氛音效使用，能产生更丰富的音效层次。

3. 音效的使用

音效在综艺中是情绪节奏的罗盘，也是音乐的方向盘。用音效去配合音乐，会使节目在听觉上有更灵活的变化和节奏层次。音效可以用来切断音乐，也可以用来衔接音乐、结束音乐或者点缀音乐。好的音效，会使视听语言表达更加饱满，会使动作更有力量或者速度感。

音效设计要充分考虑人物情绪、心理节奏、运动速度、场景空间等要素，发挥想象，构建出理想的音效组合。一个场景的音效组合没有一个固定的标准答案，优劣的判断标准在于音效所传达的状态，能否为当下的情节与情绪服务。

音效使用中还有重要的一点就是它的应用情境"空间"。场景空间的大小会对音效的质地、观感有着微妙的影响，所以我们在构思音效时，要把空间感也考虑进去。例如：操场上的瓢泼大雨和阳台上听到的瓢泼大雨，音效就会有很大的不同，在窗内还是窗外，声音质地也会有所不同。

四、如何"做点"？

"做点"的精髓在于发现节目中的精彩点并利用特殊的剪辑手法，配合动画、花字文案等手段，强调、突出精彩点。那么，如何找到精彩点呢？

在剪辑过程中可以注意以下这些地方：

首先是节目环节已设计好的基本的精彩点。导演在节目策划时，往往会预设一些节目精彩点。比如人物的首次出场、真人秀节目中的对抗性环节、竞技类节目的结果公布环节，这些环节都是基本可以确定的精彩点，需要剪辑师以特殊的剪辑技巧去处理。

其次是节目情节发展过程中出现的转折点。比如在竞技类节目中，出现观众意料之外的由赢到输、由领先到落后的转折。这些反转会大大增强节目的可看性，因此这些转折点出现时，剪辑师会使用慢放、重复等手法来突出，增强节目的戏剧效果。

再次是节目中人物的特殊动作或表情。剪辑师要有敏锐的观察力，在挑选素材和粗剪过程中，留意嘉宾的异常反应。比如真人秀节目中，嘉宾偶然的感动落泪，剪辑师在剪辑时可以对这类细节加以突出。

最后是节目中嘉宾说出的能够表达观点、态度和情绪的精彩的话，可以从中找到一些信息点或笑点，用重复、变速、花字等技巧进行加工，以增强节目效果。

（一）叙事手法的运用

节目素材剪辑和写记叙文有着很多相同的地方，记叙文的六要素——时间、地点、人物、起因、经过、结果，是镜头组接必须交代的元素。在任何叙事类的文字或者影像作品中，都是以人物为中心展开事件演变过程，人与人之间发生的具体事件和矛盾冲突，按照因果关系组织起来，就构成了一系列情节。情节有开端、发展、高潮、结局等部分，在剪辑中为了刻画人物、表现主题、夸张强调的需要，对情节的组成要素可以进行适当的省略，甚至用插叙或者倒叙的方式。剪辑中常用的表现手法有以下几种。

1. 铺垫/埋线

对于某些将要出现的关键情节和主要人物，在事前有所准备，为情节的展开铺垫，为高潮的到来、人设的塑造等渲染气氛。常用于辅助制造悬念、冲突、反转等，是触发情绪的一个引子。

扫码看

2. 悬念

悬念让观众对于未知的情节产生紧张好奇。悬念又分为结构式悬念和兴奋性悬念。

结构式悬念是贯穿节目始终的总体悬念，是节目编排制造的大悬念。兴奋性悬念通常是小悬念，是在节目进行过程中不时派生出的新的情节。

一般常用的做悬念的方法有两种。第一种制造结果的悬念，即在线性叙事的过程中，不急于给出结果，让结果一直处于悬念状态，直到揭晓。

第二种是制造过程的悬念，即调整叙事结构，将事件的结局或高潮片段前置，以结果引起观众的疑问和兴趣，再对事件的发生进行叙述，营造过程的悬念感。在制造结果和过程的悬念中，我们常会运用误会法，以让人混淆的情节内容误会来设置悬念，吊起观众胃口。

3. 制造冲突

无论在戏剧还是影视中，冲突都是一部作品的精华所在，没有冲突就没有看点。真人秀节目也一样，其精华也在于冲突。真人秀节目往往设置了一个特殊的规定情境，并且定下严格的竞争规则和有吸引力的目标，在过程中设置竞争环节，不断地制造冲突。为了在有限的时间内表现丰富内容，还会使冲突不断升级，制造紧张、激烈的气氛，牢牢地吸引观众。通常，冲突可以有两层理解，一是人与环境之间的冲突，一是人与人之间的冲突。无论是哪种冲突，都是维持节目吸引力的关键以及推动节目叙事的动力。在真人秀节目中，无论是人与人之间的冲突，还是人与环境的冲突，都是客观存在的，只是需要通过某些剪辑手段把这种冲突放大，使观众能够更加明确地分辨出来。

具体冲突可分为三类：

（1）目标冲突。双方因为目标不同发生冲突，或是因设定而导致双方对立，双方处在不同阵营，从而产生对抗冲突。

（2）认识冲突。不同的人对待同一件事，由于认知、看法、观念的差异而产生冲突。

（3）情感冲突。人物之间存在的情感冲突，或是因情感上的争端导致的冲突。

4. 反转

反转具有突然性。在事件发生过程中，突然发生的事情可能会导致结果逆转。综艺剪辑里的反转一般也会带来情绪上的逆转。反转还具有特殊性，前期需要大量情节铺垫和渲染，才能营造出转折的效果。剪辑师往往会通过误导观众对剧情发展的思考，使剧情变得跌宕起伏，也就是"先抑后扬"或者是"先扬后抑"。必要时可以用花字予以引导。

如在《萌探探探案》第一季第1期当中，让每个进屋的嘉宾寻找屋内不合理的线索，有一条线索为：挂在墙上的钟表指针是倒转的。当最后一个嘉宾孙红雷进来寻找线索，他的眼睛已经看向了墙，剪辑和花字都在引导观众，让观众感觉嘉宾已经和真相接近，结果孙红雷却说出"墙裂缝了"，偏差得离谱（见图9-2）。这就是用误导的方式去造就反差，从而制造笑点。

图9-2 《萌探探探案》第一季第1期反转的引导

5. 情绪过渡

情绪过渡是指段落之间情绪的衔接。当某小段情节即将结束，可以用人物情绪为基础，通过空镜头、动画、美文等，渲染情绪，衔接段落。

6. 节奏加速

当节目信息冗余或无聊时，观众会对节目失去耐心，所以剪辑师需要设计一些有趣的桥段激起观众的兴趣，或是用有趣的镜头组接跳过故事中无趣的部分。还可以借助加速、快剪、分屏等方法加快叙事节奏，把无聊啰唆的地方转变成有趣的事件进行调侃。例如在《妻子的浪漫旅行》第二季先导片中，嘉宾侃侃而谈，但观众其实并没有耐心听5—10分钟的分析，对于这种没有太多趣味点的环节，此处用了加速的方式予以跳过，同时结合花字包装，从侧面突出了嘉宾的执着可爱，既加快了叙事节奏，又增加了趣味性（见图9-3）。

图9-3 《妻子的浪漫旅行》第二季先导片节奏加速

还有一种情况需要加快节奏，即在观众知道将要发生什么的时候，如果事件中没有值得一提的趣味点，可以用几组镜头交代嘉宾的活动，如嘉宾出发了，去坐车了，开始做饭了，等等，让观众清楚人物的动向，不必给出过多的叙事镜头。

7. 放慢节奏

当观众想要更多地了解事件的相关信息，或者需要一些消化理解时间的时候，剪辑就需要放慢节奏。放慢节奏的方式有插入后采、闪回以及穿插反应等。例如《密室大逃脱》的解谜过程，《明星大侦探》的推理过程，为了让观众跟上嘉宾的游戏进度，在不容易理解的环节，剪辑师会放慢剪辑节奏，通过悬念、留白、解释的方式来等一等观众。在需要观众细细揣摩嘉宾心理活动以及行为动机的时候，也不妨放慢节奏，让观众仔细体会。

当然，还有一种情况需要放慢节奏，那就是结果揭晓时调动观众的期待，制造悬念。在大的悬念揭晓前，我们可以适当进行插入剪辑和交叉剪辑，延伸出更多情节关联，以将最后的揭晓推向高潮。综艺节目中往往是悬念越大，观众越愿意花更多的时间去等待和酝酿情绪。

在简单的对话中这种技巧也可以使用，比如一个人说："我要宣布——"后面接其他人疑问或者期待的反应。然后他接着说："从今天开始我们这个餐厅就正式营业了。"这样在对话中插入反应，引起观众好奇，就是以细节放慢节奏的方式。

（二）笑点的营造

综艺中的笑点可以分为两种。第一种是前期导演组策划的节目搞笑内容，如《脱口秀大会》《奇葩说》《吐槽大会》等语言类节目的笑点。第二种是特定情境中的突发状况所引发的笑点，这类笑点无法预测，综艺剪辑师在后期制作中应对这类笑点进行梳理和归纳。喜剧表演类节目，剪辑时不要只关注作品的笑点，可以多挖掘表演前后的各方面表现，通过侧面构筑人物性格来形成笑点。

在营造第一种笑点时，剪辑师多运用的手法是夸张、反复、情绪强调等。

在营造第二种笑点时，剪辑师多运用的手法是反转、调侃、制造误会等。在营造笑点的时候要注意笑点的起、承、转、合。一个笑点的叙事时间往往在1—3分钟，要先做好事件的铺垫，交代观众应该知道的必要信息，还要把握好"抖包袱"的方式和时机，比如有的笑点需要有趣氛围的酝酿与发酵，有的笑点要求"包袱"干脆，讲求反转的突然性和爆发力。因此需要随机应变，具体情况具体分析。

常用的笑点营造手法有以下几种。

1. 重复

对搞笑的动作或者语言进行重复，可以强化搞笑的效果，但是要注意，重复过多可能会使人厌烦，一般来说重复2—3次较为理想。观众的反应需要时间，所以重复也可以避免观众反应时间过短，如果观众还没有笑出来，事件就已经结束了，这种情绪变化会让观众不舒服。所以我们时常会应用重复的手法，在强调的同时，为情绪的过渡争取时间。

2. 情绪强调

当嘉宾流露出比较孩子气的、幼稚或者无奈的情绪时，这种情绪本身也许就可以使人发笑。剪辑师需要做的是引导观众感受嘉宾微妙的情绪变化，不需要过多干预，只要用镜头配合音乐音效，把情绪变化强调出来即可。

3. 夸张

当事件本身具有趣味性的时候，可以用夸张的方式对其进行强调。比如，加入超现实的形容方式，或是代入其他的动漫、电影情景，实现笑点的营造。

在《我最爱的女人们》中，张伦硕的妈妈来自中国，钟丽缇的妈妈来自越南，两人语言不通。剪辑师引入卓别林式默剧的形式，来突出两人手舞足蹈、心领神会的搞笑交流方式，这种夸张的形式把一段以正常剪辑无法交代的对话变为笑点，也让观众更易于理解此情境下发生的事件（见图9-4）。

图9-4 《我最爱的女人们》夸张剪辑

4. 反转

出人意料的结果、主动被动关系的逆转、情境的逆转都可以带来意想不到的节目效果。观众在观看综艺的时候，常会对节目的剧情走向有自己的主观预测，在出现有极大反差的结果时，如果反转过程巧妙，会给观众带来惊喜感。反转的爆发力越强，往往效果越好。所以在后期剪辑中可以省略一些不必要的过程动作，或是直接跳切，防止观众预判笑点，产生心理防备。

扫码看

5. 调侃

在真人秀的录制中，有的艺人会故意"口出狂言"，故意露出一些破绽，让观众有更多的笑点或看点。剪辑师可以结合嘉宾的前后行为，站在观众角度予以适当的调侃揭发，以增加节目的趣味性。

6. 尴尬氛围的酝酿

节目中的尴尬氛围往往会引发观众兴趣。当观众从围观群众的角度去观察事件时，时常会产生愉悦感，观众喜欢看到部分嘉宾在紧张时做出的带喜感的行为，或者是表现出的反差。

7. 语言节奏

在后期人为制造笑点时，要注意语言的节奏。铺梗和爆梗的节奏要有剪辑速率的反差，这样更容易制造喜感。在嘉宾说出有歧义或者意味深长的话时，可留出气口，给观众仔细琢磨回味的空间。

扫码看

8. 用反应作支点

在综艺节目中，即便是喜剧作品也未必都很精彩，因为嘉宾的表达能力有参差，可能会营造很好笑的情境，也可能有很尴尬的情境。后期剪辑时要能够灵活运用尴尬的情境，用其他嘉宾震惊或者不知所措的反应作为支点，把笑点转移到嘉宾反应上来，由此把尴尬的情境转变为节目笑点。

扫码看

9. 对比

可以采用分屏或弹窗的方式，对行为、状态等多方面进行对比。节目中常用嘉宾的前后状态进行对比来制造笑点,比如游戏前信心满满和当下狼狈不堪的对比。也可以发挥想象,作发散性的对比,比如某嘉宾的装扮、表情很像某动漫人物或网络热点人物,这样的发散性对比既可以突出特点,也能营造笑点。

(三) 紧张感的制造

跌宕起伏的剧情变化是吸引观众的重要元素,所以营造紧张感和设置令观众惊讶的剧情走向,是后期制作中经常需要做的。常见的制造紧张感的方法有以下几种。

1. 期待性紧张

《歌手》节目中赛后宣布排名顺位的部分是最有代表性的期待性紧张。当观众看完了所有人的竞演,了解了节目全部信息后,会十分期待结果的揭晓。这时有必要加入紧张感,去烘托比赛残酷严肃的氛围。

2. 不确定性紧张

在有的叙事中,剪辑可以尝试在剧情关键节点处留出悬而未决的镜头,让观众无法预知剧情走向从而产生紧张感,吸引观众继续观看下去。这种紧张感伴随着观众对故事的期待,需要注意的是这样产生的紧张感会随着期待心理的减弱而减少,所以紧张的时间不适宜太长,如果超出观众的耐心,会产生负面效果。同时,线索也要适当地给予观众,最后再配合音乐音效,为观众揭晓结果。

3. 冲突性紧张

在比赛竞演中,双方竞争达到白热化时,随着双方的冲刺或者赛段进入关键期,现场气氛激烈起来,这时特别适合营造紧张感。

扫码看

4. 氛围紧张

在有些节目中,紧张感不是来自剧情或者故事结构,而是来自场景氛围。比如在《令人心动的offer》中,当一个职场新人走进严肃的会议室时,就会因环境产生紧张感,观众也会产生心理共鸣。又如《密室大逃脱》中黑暗密室的氛围容易给人以紧张和压抑的观感,后期剪辑往往会借助观众与节目嘉宾在此时产生的同种心理感受,加以渲染放大,获得必要的戏剧效果。

5. 时间紧张

在综艺节目里,十分常见的一种紧张,就是当艺人听到距离比赛结束还有几分钟,或者时间已经过去了多少的时候。时间带给人的紧迫感具有普遍性。所以当剪辑师想营造紧张情绪时,只要拿出相应的时间概念强调一下,紧张感就顺理成章产生了。

紧张感的产生是要有递进与层次的,不能一直拉扯观众的心理,长时间的紧张会引发疲惫感。情绪要波浪式向上推进,最后达到故事高潮。

本章思考与练习

1. 真人秀的剪辑如何更好地讲故事?
2. 声音处理在真人秀节目中为什么重要?
3. 如何理解真人秀不仅是"真"和"秀",更是"人"?

附：学生作业优秀案例

体验类真人秀《开摆吧》

一、节目策划案

（一）节目名称

《开摆吧》。这是一档大学生励志摆摊体验类真人秀。

（二）节目宗旨和特色

节目宗旨：旨在号召大学生等年轻群体关注创业，培养创新创业意识，缓解一定的就业压力。在碎片化的时间中，增加兼职收入并提升实践能力。让更多年轻群体了解创业，通过节目展现出大学生的勇敢自信和青春活力。

节目特色：1. 特别设置默契游戏环节，培养嘉宾的团队协作能力，共同赚取摆摊的初始资金。

2. 节目录制地点多样。设置多个摆摊地点，供嘉宾团队选择，有利于其了解地摊的经营模式。

3. 嘉宾差异性显著。挖掘各类在校大学生，从不同角度观察大学生创业摆摊的状态。

（三）节目定位

由于这是一档大学生励志摆摊体验类节目，为增加大学生对创业艰辛的体会，更侧重体验性和竞技性。节目主要受众群体是对户外活动以及综艺感兴趣的年轻群体，或是面临就业的大学生，可从中获取社会信息以及积累经验。

（四）场地安排

游戏场地设定为学校足球场或操场（或者消防公园），根据游戏内容来设计布置场地。

摆摊场地设定于钱塘江边、学校门口、商场门口。

（五）节目内容

邀请六位嘉宾分为三组，通过游戏赢取摆摊启动金额，在不同地点摆摊比拼营业额。

1. 开场环节

播放《摆摊吧》节目宣传片。无人机从高空俯拍全景，从低空跟踪拍摄嘉宾入场。

2. 介绍环节

主持人（导演）介绍大学生创业、摆摊行业的发展现状，引出本期节目的任务内容，六位嘉宾一起喊出节目口号。

3. 内容环节

节目分成游戏、摆摊两个板块，由主持人进行串联。

- 游戏：三组嘉宾通过各种游戏来赢取不同的摆摊启动资金，以购买心仪的摆摊物品。

（1）你比我猜：每组抽取题库，根据提供的词汇一人比画一人猜，限时2分钟。比画者可以用肢体语言向猜词者传达信息，如果猜不出可以喊"过"，猜出的词语数量即积分。

（2）两人三足：一组嘉宾并排站在起跑线后，用绳子将二人的靠近腿捆好。比赛开始，两人向前跑出，到达终点后再返回起跑点。用时短的队伍获胜，根据排名积10分、6分、2分。

每队两个游戏的积分相加，根据积分排名分别获得200、100、50元启动资金，在节目组的商品屋购买摆摊工具（推车、垫子、折叠桌、折叠椅等）及商品（弹力球、气球、袜子、泡泡水、水果）。

（也可以换成其他游戏，完成摆摊工具和摆摊商品分配。）

- 摆摊：三组嘉宾根据选定的物品确定卖货形式，挑选适合的场地进行摆摊，吸引路人挑选并购买商品。

4. 结束环节

晚上7点返回游戏场地集合，每组表达摆摊感受，统计营业额，营业额第一的队伍获胜。主持人总结，并号召大众尤其是年轻群体关注创业。最后六位嘉宾一起喊出节目口号。

二、录制流程

录制时间：2023年5月9日下午1：30

录制地点：消防公园、金沙湖公园、印象城周边、学校门口

①组

负责人：赵靖雯、杨子逸

嘉宾：刘丹柠、程译萱

摄影：陈马语者

助理：吴佳澎

②组

负责人：徐晨

嘉宾：郭明晨、张子萱

摄影：王铁棋

助理：孙君儒

③组

负责人：马砚竹、张静怡

嘉宾：叶高成、刘一诺

摄影：周鑫杨

助理：严培诚

第一场

录制地点：消防公园

录制时间：下午1：30

（一）开场

航拍画面（大学城、消防公园）

导演（画外音）：欢迎大家来到杭州消防主题公园。消防公园位于下沙高教园区，面积10.91平方千米，现已入驻15所高校，是浙江省最大规模的高教园区。

六位嘉宾入场。

导演：各位下午好，今天我们在这里举行的是第一届大学生摆摊大赛。摆摊成本小，灵活程度高，可以从各方面培养自己的创新创业能力。非常荣幸邀请到了六位没有摆摊经验的同学来体验一下摆摊文化，分为三组进行比拼，争夺"开摆大王"的称号。每组先给自己取个队名，有请工作人员（递画板、笔）。

嘉宾给反应，给自己的队取队名。

导演：我们摆摊还需要获取商品和相应工具，请来领取任务卡。

嘉宾③组叶高成（读游戏规则）：每组起始资金300元。想要获得摆摊的商品，需根据工作人员给出的关键词进行竞拍，价高者得。剩下的资金购买摆摊工具。

导演：大家可以往左手边看，这些就是今天摆摊会用到的物品，分为商品和工具两大类。没有问题的话我们就开始拍卖了。

1号机：拍①②组嘉宾四人小全景。

2号机：嘉宾六人大全景。

3号机：拍②③组嘉宾四人小全景，读规则时给近景。

（二）拍卖

嘉宾坐下，机位不变。

例：

导演：第一件拍品的关键词是____，起拍价20元，开始竞拍。

嘉宾1：30！

嘉宾2：40！

导演：40第一次、40第二次、40第三次，40成交，恭喜获得____。

……

拍卖结束。

导演：相信大家都已经拍到了心仪的摆摊物品，请各组随后制订摆摊计划，分别前往指定场地进行摆摊。

拍卖品

名称	数量	成本单价（摆摊价参考）	关键词	起拍价
麻将游戏	1	60	3=1	50
麻将奖品	17	4.79		
走地气球	5	3.07	散步动物	20
石膏娃娃	10	1.89	手工	30
弹力球抽奖	1	27.8	大珠小珠	20
泡泡水一板	1	0.97	肥皂	20
袜子	80	1.61	拒绝掉跟	40

工具（便利贴标价格）

名称	数量	单个标价
板凳	6	10
手拉车	2	20
折叠桌	1	20
野餐垫	2	15

第二场

录制地点：金沙湖公园、消防公园、印象城周边……（根据嘉宾的摆摊售卖物品确定）

录制时间：下午3：00—4：30

1. 转场时嘉宾手持运动相机自拍。
2. 固定机位架好后嘉宾入镜开始摆摊。
3. 收摊后摄影老师拍摄空镜（环境、其他摊位、路人……）。
4. 结束时嘉宾转场手持运动相机自拍，讲述心得。
5. 摆摊时负责人、摄影、助理可轮流充当路人。
6. 注意小蜜蜂（领夹式麦克风）更换电池。

第三场

录制地点：消防公园

录制时间：下午5：00

机位同前。

②③组入场，交流今日摆摊情况。

嘉宾②组张子萱（朝左边看）：她们第一组也回来了。

①组入场，同②③组一起分享摆摊情况。

导演：我们第一届摆摊大赛的结果已经出来了，获得第一名的，今日总共成交____笔，成交额____元。恭喜____队成为第一届"开摆大王"。有请工作人员颁发荣誉证书。____队获得了第二名，____队获得了第三名，恭喜大家。

①②③组嘉宾展示荣誉证书，对"开摆大王"表示祝贺。

导演：今天，我们在美丽的下沙大学城摆摊，在行动中获得乐趣，创造价值。同时，我们克服"社恐"，与陌生人交流，用吆喝、叫卖等方式吸引买家，锻炼了人际交往能力。摆摊中发生的各种各样的故事也在无形中丰富了我们的人生阅历。

嘉宾一：我们今天也学到了很多，比如摊主需要揣测大家的喜好和需求来选择商品。采购要简单易操作，商品要便于摆出来供大家欣赏和挑选。

嘉宾二：确实，还有摆摊的时机，如果天气太冷或太热的话，大家不愿意出来，生意可能就没那么好了。

嘉宾三：一开始摆摊的目的确实是力求盈利以取胜，但过程中收获了很多乐趣，不仅给自己解闷，还丰富了大学生活。非常感谢节目组给了我们这个机会。

导演：我们也要感谢各位嘉宾的参与，相信今天的摆摊能给各位带来一些创业积淀，在未来走出象牙塔开始就业时，找到属于自己的那份从容。

三、节目阐述

Q：请问在前期构思的时候，灵感的来源或最初的想法是什么呢？

A：在确定选题阶段，小组成员提出了想要拍新型职业体验类综艺。在确定具体体验哪种职业时，联想到最近热门的"大学生摆摊"。摆摊是大学生们行动起来创业的有力证明，也可以在创业中获得乐趣，创造价值。我们小组便一拍即合，决定拍一期大学生励志摆摊体验类综艺。

Q：在准备过程中都做了哪些事情？

A：观看类似的综艺，推敲了拍摄流程，参考了一些画面，包括在航拍摄影方面也做出创新。在后期方面学习了镜头组接、笑点节奏把控。在对于嘉宾的性格有初步了解后，设置了不同的剧本安排。

Q：请简单讲述一下在制作过程中遇到的困难和解决办法。

A：录制时嘉宾佩戴的小蜜蜂设备接触不好，导致有电流声。第一环节录制结束后回听声音，发现问题后及时调整，补录了一遍。

Q：请问该综艺的节目亮点，即核心看点，观众看这个节目的原因是什么？节目的立意和社会洞察是什么？

A：这是一档大学生励志摆摊体验类真人秀节目，旨在号召大学生等年轻群体关注创业，培养创新创业意识，缓解一定的就业压力。在碎片化的时间中，增加兼职收入并提升实践能力。节目特色比如特别设置默契拍卖环节，合理分配初始资金，拍到心仪的摆摊物品；节目录制地点多样，设置多个摆摊地点供嘉宾团体选择，更有利于他们了解地摊的经营模式；嘉宾差异性显著，可以从不同角度观察大学生摆摊创业时的状态。"你考上了清华，我烤上了地瓜。"大学生们的地摊如雨后春笋般蓬勃而出，网络上"大学生摆摊"的词条拥有几百万的点击量，"摆摊热"和大学生就业问题相互碰撞。

Q：请问该综艺的社会受众人群画像和核心卖点是什么？

A：《开摆吧》为增加大学生对创业艰辛的体会，更侧重体验性和竞技性。节目主要受众群体是对户外活动以及综艺感兴趣的年轻群体，或是面临就业的大学生，可从中获取社会信息以及积累经验。

四、主创说

导演说——

徐晨：前期节目策划时需要完成一个完整的节目录制流程单。我们将节目录制分为三个部分——开场拍卖、摆摊、总结颁奖，制定了详细的游戏流程，撰写主持串词，进行机位设置等。嘉宾的选择上，我的标准是好看的皮囊和有趣的灵魂两者都要有，找了比较熟悉的同学，更加容易沟通，还给了三组嘉宾不同的剧本，保证录制的进度以及节目的效果。录制时我充当了主持人，关注嘉宾的反应，及时调动现场气氛。摄影机的画面以固定全景、中景为主，为后期的剪裁留有空间。前期与每位成员充分沟通后，现场录制很流畅，在预期的时间里结束了录制。唯一的问题就是在开场时遇到声音问题，发现后及时调整设备，重新录了关键部分，没有耽误很长时间。

制片说——

马砚竹：基于近段时间全国多地松绑"地摊经济"，我们想要拍摄一部大学生摆摊体验类的真人秀节目。我们践行"把钱花在刀刃上"，既要管控住"成本"，又要确保东西能够卖得出去。小组成员对当下火热的摆摊商品种类进行调查后，最终选出了麻将游戏、弹力球抽奖等众多品类。嘉宾们通过竞拍的方式选取每组摆摊的商品后，在学校旁边自行寻找场地进行售卖。我们意在让更多大学生了解创业，将摆摊创业融入大学生活中，通过节目展现出大学生的青春活力。

摄影说——

孙君儒：这次我们采用四机位拍摄。开场以及结尾采用全景机位以及特写机位，其余机位分别抓取人物近景。摄影人员分工是三组摄影师加助理模式，每组一台机器以及一部运动相机。运动相机给嘉宾，嘉宾自拍素材更加贴近观众，也更加贴近Vlog的形式，既增加了趣味性也提升了节目整体效果。通过分析剧本设定，在每组一台机器的前提下，对剧本设定最为丰富、嘉宾张力最大的一组嘉宾给予其第二台机器，更详细地抓取嘉宾的细节，也使得节目娱乐性提升。

剪辑说——

赵靖雯：我负责剪辑的片段是整个摆摊环节。剪辑时除了基本的镜头衔接外，还有一点很重要的就是综艺感，需要挖掘嘉宾们互动的笑点，配上音效、音乐。在整个剪辑过程中，比较困难的地方有素材选择、声音和调色。由于我们分了三个场景摆摊，每组配设了一至两台摄像机、一部运动相机，还有部分手机拍摄镜头，所以开始素材比较乱。而这也导致三个场景收音、画面色调不太一样，需要后期调整。最后感谢一下"恶霸"金毛的出镜，剪辑时承包了我一年的笑点。

剪辑说——

张静怡：剪辑方面，我负责的是开头和结尾的制作。整体素材量较大。作为学生作品无法实现多机位跟拍，我们在镜头使用上相对受限。为了提高节目的精彩程度，我们对于画面进行了放大。同时与后期包装沟通协调，使用一些蒙版，实现游戏环节的喜剧效果。在筛选素材上，删除了一些平淡的画面，突出戏剧性强的人物碰撞。同时巧妙利用空镜头和航拍镜头进行转场，画面切换也使用了一些转场特效，使得衔接不突兀生硬。

包装说——

杨子逸：《开摆吧》素材非常多。因为分组展开，内容上容易没有关注点。在后期包装上需要人为做点，通过特效、贴图、转场、音效来丰富画面，摆脱平铺直叙，增强节奏感，使段落之间产生反差。在字幕和贴图上以绿色为主，提升《开摆吧》的整体完整性。非常开心和同学们一起完成。

教师评语：体验类真人秀是真人秀类型谱系中的主要赛道，市场上同类作品很多，创新不易。《开摆吧》巧妙地选择了大学生摆摊这个切入口，既呼应了当前倡导"地摊经济"的主流话语，也比较贴近当代大学生的真实日常生活，极具现实观照意义。围绕核心创意，主创设计了三组成员在不同时空竞技的赛制，强化了戏剧性和可看性。剪辑、后期也有明确的叙事观念，将内蕴戏剧冲突的场景交叉剪辑，反差感很强。花字、贴图、音效等多种效果的应用，使得该片综艺效果拉满，妙趣横生。

后　　记

好像在笔者有生之年的记忆里，"综艺"一直是若即若离但又从未缺席的存在。童年时代，印象最深的就是每周五晚坐在电视机前，静待《综艺大观》《同一首歌》等节目的播出，而且最让家人费解的是，明明这些节目周五晚已经看过一遍了，为什么周六早上我还要把重播版完整地再看一遍？

尽管儿时起就对综艺（彼时还更多被称为文艺节目）抱持巨大热情，但原本并没对这个领域有过"非分之想"，似乎那是遥不可及的领地。大学时代选择了同样心向往之的中文系，大一就立志报考北师大现当代文学研究生，并悄悄开始了准备，直到一次谈话改变了人生的轨迹。

大二暑假，笔者去看望高中时代的班主任于海老师，聊起了考研规划。于老师直言考北师大中文系难度系数太大，接着，他不经意地说了句："你可以去考中传的编导啊，我觉得你很适合。"那一刻如醍醐灌顶，瞬间过往所有的生命经验、情感结构都被激活，命运的齿轮开始转动……回家后立刻查找信息，搜寻资料，并且重新确定了考研方向：中国传媒大学广播电视艺术学电视文艺方向。此后就是所有考研学子共享的经历：无数晨钟暮鼓、青灯黄卷。最终，得偿所愿。

读研三年，系统地学习了综艺节目的编导、策划与制作的各种理论、观念与操作技法，也在不同媒体平台进行了大量实践。从此综艺不再只是一种茶余饭后谈资。硕士毕业后，工作的第一家单位也很"切题"——在广电总局下属的杂志《综艺报》做记者。作为一份行业报刊，《综艺报》主要关注综艺节目、影视剧产业的幕后深度报道。在这个平台上，笔者有幸专访过多位省级电视台台长、卫视总监、制片人、导演等，对一档综艺节目从前期策划到后期宣推的来龙去脉，形成了系统全面的认识，积累了大量一手资料。这些鲜活的行业实践与此前学习的理论知识，合力助推了"观念的水位"上涨。

及至其后，在媒体人转型大潮中，笔者也进入流媒体平台爱奇艺工作，继续从事与综艺、剧集有关的工作。印象中进入爱奇艺参与的第一个案子就是彼时爆款综艺《奔跑吧》的网络独播品牌传播方案。再至后来，回炉深造，在中传攻读广播电视艺术学博士。读博时参与创办了自媒体平台"看电视",以"叶实"为笔名,在这一平台发表了上百篇综艺节目分析文章。这本教材里的不少案例,也是当时写就。

2019年,笔者来到浙江传媒学院电视艺术学院任教,接手的第一门课就是"综艺节目制作"。当时苦于没有一本符合当下时代发展与综艺行业规律的教材可供教学使用,于是就有了自编一本的想法。但究竟应该编一本怎样的教材?怎样去编一本教材?思考良久,逐步形成了三个判断:

首先,应该覆盖前期与后期。此前同类教材普遍存在"重前期、轻后期"的现象。这本《综艺节目制作》应当在注重节目前期编导的基础上,将中期拍摄、后期剪辑包装等内容放置在同等重要的位置,打通综艺制作的全链条,从而适应当下人才培养的实际需要。

其次,应该联动线上与线下。数字时代的教材建设,理应超越纯粹的"文本"维度,而迈向更多元的资源形式。《综艺节目制作》的编写应与配套在线资源的建设同步推进,通过二维码方式,提供大量的在线资源,实现文本世界与数字世界的无缝对接。目前"综艺节目制作"线上课程还处于紧锣密鼓筹建中,在教材后续修订版中将及时加入相关内容。

最后,应该协同学界与业界。综艺是实战性极强的行业,简单的理论分析容易隔靴搔痒,难以应对多变的行业实践。《综艺节目制作》编写要聚集众多一线制作人才,在平衡教材的理论价值和实践意义上形成自身优势。

于是就有了这本教材的尝试。我们尽可能在全书中兼顾综艺节目创意与拍摄制作的内容,打通前期与后期、艺术与技术全环节。而为了能让各章都尽可能水准在线,编写团队集合了来自浙江传媒学院教师戴硕、中国传媒大学教师徐驰、湖南卫视导演夏鹏飞、浙江卫视导演唐硕、星驰传媒高级剪辑师尚涛等多方骨干力量。笔者作为主编,负责总体策划、确定篇章结构、分析框架、参与不同章节撰写以及最终统稿,副主编尚涛老师侧重后期部分内容的撰写及统稿。作者分工如下:

第一章:戴硕

第二章:徐驰、戴硕

第三章:戴硕

第四章:夏鹏飞、戴硕

第五章:唐硕、戴硕

第六章：尚涛、戴硕

第七章：尚涛

第八章：尚涛

第九章：尚涛

本书的出版得到了北京大学出版社的大力支持，在此表示特别感谢！北京中视星驰文化传媒公司深度参与"综艺节目制作"的课程建设及这本教材撰写，对此深表感谢！在教材编写过程中，浙江传媒学院电视艺术学院 21 级研究生孙传凤，23 级研究生刘业清、胡兆迪在资料搜集、章节完善等方面做了大量工作，23 级研究生江黄安、郭为参与了校对工作，本科生张静怡、王璨等同学协助提供了部分资料，特别感谢他们的付出。

不得不说，综艺行业发展日新月异，知识更新一日千里。囿于团队本身的涉猎范围，书中存在不妥之处在所难免，敬请业界和学界各位专家斧正，以便我们在后续修订中加以完善。

本来教材编写是集体智慧的结晶，后记应当淡化个人色彩，但于我而言，一直想找个机会写一封给综艺的"情书"，这本理性客观的教材的略显"主观"的后记，姑且算是了却心愿的"情书"吧。综艺是带我步入戏剧影视领域的初心召唤，也期待我们这本《综艺节目制作》，成为引领更多有志者走近以及走进这个行业的点点微光。

是为记。

戴　硕

2023 年 11 月于浙江杭州

北京大学出版社
教育出版中心 精品图书

21世纪高校广播电视与视听艺术专业系列教材

书名	作者
电视节目策划教程（第二版）	项仲平
电视导播教程（第二版）	程晋
电视文艺创作教程	王建辉
广播剧创作教程	王国臣
电视导论	李欣
电视纪录片教程	卢炜
电视导演教程	袁立本
电视摄像教程	刘荃
电视节目制作教程	张晓锋
视听语言	宋杰
影视剪辑实务教程	李琳
影视摄制导论	朱怡
新媒体短视频创作教程	姜荣文
电影视听语言——视听元素与场面调度案例分析	李骏
影视照明技术	张兴
影视音乐	陈斌
影视剪辑创作与技巧	张拓
纪录片创作教程	潘志琪
影视拍摄实务	翟臣
播音与主持艺术（第三版）	黄碧云 睢凌
数字电影美学	谢建华
综艺节目制作	戴硕

21世纪信息传播实验系列教材（徐福荫 黄慕雄 主编）

书名	作者
网络新闻实务	罗昕
多媒体软件设计与开发	张新华
摄影基础（第二版）	张红 钟日辉 王首农

21世纪数字媒体专业系列教材

书名	作者
视听语言	赵慧英
数字影视剪辑艺术	曾祥民
数字摄像与表现	王以宁
数字摄影基础	王朋娇
数字媒体设计与创意	陈卫东

书名	作者
数字视频创意设计与实现（第二版）	王靖
大学摄影实用教程（第二版）	朱小阳
大学摄影实用教程	朱小阳

21世纪教育技术学精品教材（张景中 主编）

书名	作者
教育技术学导论（第二版）	李芒 金林
远程教育原理与技术	王继新 张屹
教学系统设计理论与实践	杨九民 梁林梅
信息技术教学论	雷体南 叶良明
信息技术与课程整合（第二版）	赵呈领 杨琳 刘清堂
教育技术学研究方法（第三版）	张屹 黄磊

21世纪高校网络与新媒体专业系列教材

书名	作者
文化产业概论	尹章池
网络文化教程	李文明
网络与新媒体评论	杨娟
新媒体概论（第二版）	尹章池
新媒体视听节目制作（第二版）	周建青
融合新闻学导论（第二版）	石长顺
新媒体网页设计与制作（第二版）	惠悲荷
网络新媒体实务	张合斌
突发新闻教程	李军
视听新媒体节目制作	邓秀军
视听评论	何志武
出镜记者案例分析	刘静 邓秀军
视听新媒体导论	郭小平
网络与新媒体广告（第二版）	尚恒志 张合斌
网络与新媒体文学	唐东堰 雷奕
全媒体新闻采访写作教程	李军
网络直播基础	周建青
大数据新闻传媒概论	尹章池

大学之道丛书精装版

书名	作者
美国高等教育通史	[美]亚瑟·科恩
知识社会中的大学	[英]杰勒德·德兰迪
大学之用（第五版）	[美]克拉克·克尔

营利性大学的崛起 [美]理查德·鲁克	后现代大学来临? [英]安东尼·史密斯等
学术部落与学术领地:知识探索与学科文化	美国大学之魂 [美]乔治·M.马斯登
[英]托尼·比彻 保罗·特罗勒尔	大学理念重审:与纽曼对话 [美]雅罗斯拉夫·帕利坎
美国现代大学的崛起 [美]劳伦斯·维赛	学术部落及其领地——当代学术界生态揭秘(第二版)
教育的终结——大学何以放弃了对人生意义的追求	[英]托尼·比彻 保罗·特罗勒尔
[美]安东尼·T.克龙曼	德国古典大学观及其对中国大学的影响(第二版) 陈洪捷
世界一流大学的管理之道——大学管理研究导论 程 星	转变中的大学:传统、议题与前景 郭为藩
后现代大学来临?	学术资本主义:政治、政策和创业型大学
[英]安东尼·史密斯 弗兰克·韦伯斯特	[美]希拉·斯劳特 拉里·莱斯利
	21世纪的大学 [美]詹姆斯·杜德斯达
大学之道丛书	美国公立大学的未来
以学生为中心:当代本科教育改革之道 赵炬明	[美]詹姆斯·杜德斯达 弗瑞斯·沃马克
市场化的底限 [美]大卫·科伯	东西象牙塔 孔宪铎
大学的理念 [英]亨利·纽曼	理性捍卫大学 眭依凡
哈佛:谁说了算 [美]理查德·布瑞德利	
麻省理工学院如何追求卓越 [美]查尔斯·维斯特	**学术规范与研究方法系列**
大学与市场的悖论 [美]罗杰·盖格	如何为学术刊物撰稿(第三版) [英]罗薇娜·莫瑞
高等教育公司:营利性大学的崛起 [美]理查德·鲁克	如何查找文献(第二版) [英]萨莉·拉姆齐
公司文化中的大学:大学如何应对市场化压力	给研究生的学术建议(第二版) [英]玛丽安·彼得 等
[美]埃里克·古尔德	社会科学研究的基本规则(第四版) [英]朱迪斯·贝尔
美国高等教育质量认证与评估	做好社会研究的10个关键 [英]马丁·丹斯考姆
[美]美国中部州高等教育委员会	如何写好科研项目申请书 [美]安德鲁·弗里德兰德等
现代大学及其图新 [美]谢尔顿·罗斯布莱特	教育研究方法(第六版) [美]梅瑞迪斯·高尔等
美国文理学院的兴衰——凯尼恩学院纪实 [美]P.F.克鲁格	高等教育研究:进展与方法 [英]马尔科姆·泰特
教育的终结:大学何以放弃了对人生意义的追求	如何成为学术论文写作高手 [美]华乐丝
[美]安东尼·T.克龙曼	参加国际学术会议必须要做的那些事 [美]华乐丝
大学的逻辑(第三版) 张维迎	如何成为优秀的研究生 [美]布卢姆
我的科大十年(续集) 孔宪铎	结构方程模型及其应用 易丹辉 李静萍
高等教育理念 [英]罗纳德·巴尼特	学位论文写作与学术规范(第二版) 李 武 毛远逸 肖东发
美国现代大学的崛起 [美]劳伦斯·维赛	生命科学论文写作指南 [加]白青云
美国大学时代的学术自由 [美]沃特·梅兹格	法律实证研究方法(第二版) 白建军
美国高等教育通史 [美]亚瑟·科恩	传播学定性研究方法(第二版) 李 琨
美国高等教育史 [美]约翰·塞林	
哈佛通识教育红皮书 哈佛委员会	**21世纪高校教师职业发展读本**
高等教育何以为"高"——牛津导师制教学反思	如何成为卓越的大学教师 [美]肯·贝恩
[英]大卫·帕尔菲曼	给大学新教员的建议 [美]罗伯特·博伊斯
印度理工学院的精英们 [印度]桑迪潘·德布	如何提高学生学习质量 [英]迈克尔·普洛瑟等
知识社会中的大学 [英]杰勒德·德兰迪	学术界的生存智慧 [美]约翰·达利等
高等教育的未来:浮言、现实与市场风险	给研究生导师的建议(第2版) [英]萨拉·德拉蒙特等
[美]弗兰克·纽曼等	高校课程理论——大学教师必修课 黄福涛

博雅教学服务进校园

教辅申请说明

尊敬的老师：

您好！如果您需要北京大学出版社所出版教材的教辅课件资源，请抽出宝贵的时间完成下方信息表的填写。我们希望能通过这张小小的表格和您建立起联系，方便今后更多地开展交流。

教师姓名		学校名称		院系名称	
所属教研室		性别		职务		职称	
QQ				微信	
手机（必填）				E-mail（必填）	
目前主要教学专业、科研领域方向					
希望我社提供何种教材的课件					
书　号		书　名		教材用量（学期人数）	
978-7-301-					
您对北大社图书的意见和建议					

填表说明：

（1）填表信息直接关系课件申请，请您按实际情况**详尽、准确、字迹清晰**地填写。

（2）请您填好表格后，将表格内容拍照发到此邮箱：pupjfzx@163.com。咨询电话：010-62752864。咨询微信：北大社教服中心客服专号（微信号：pupjfzxkf，可直接扫描下方左侧二维码添加好友）。

（3）如您想了解更多北大版教材信息，可登录北京大学出版社网站：www.pup.cn，或关注北京大学出版社教学服务中心的官方微信公众号"北大博雅教研"（微信号：pupjfzx，可直接扫描下方右侧二维码关注公众号）。

北大社教服中心客服专号　　　　　　"北大博雅教研"微信公众号